Coaching de
CARREIRA

Copyright© 2019 by Literare Books International.
Todos os direitos desta edição são reservados à Literare Books International.

Presidente:
Mauricio Sita

Capa:
Douglas Duarte

Diagramação:
Lucas Chagas e Gabriel Uchima

Revisão:
Camila Oliveira e Giovanna Campos

Diretora de Projetos:
Gleide Santos

Diretora de Operações:
Alessandra Ksenhuck

Diretora Executiva:
Julyana Rosa

Relacionamento com o cliente:
Claudia Pires

Impressão:
Gráfica ANS

Dados Internacionais de Catalogação na Publicação (CIP)
(eDOC BRASIL, Belo Horizonte/MG)

C652   Coaching de carreira / Coordenadores Jaques Grinberg, Mauricio Sita. – São Paulo (SP): Literare Books International, 2019.
14 x 21 cm

ISBN 978-85-9455-158-0

1. Assessoria pessoal. 2. Assessoria empresarial. 3. Liderança. I.Grinberg, Jaques. II. Sita, Mauricio.

CDD 658.3124

Elaborado por Maurício Amormino Júnior – CRB6/2422

Literare Books International Ltda.
Rua Antônio Augusto Covello, 472 – Vila Mariana – São Paulo, SP.
CEP 01550-060
Fone/fax: (0**11) 2659-0968
site: www.literarebooks.com.br
e-mail: contato@literarebooks.com.br

Coaching de CARREIRA

Sumário

Aline Souza
Mulheres decididas e bem-sucedidas 7

Carlos Fortes
Carreira de empreendedor, já pensou? 15

Carlos Roberto Martins
Ser *coach* de carreira é uma missão 23

Celso Rogério Morila
**Ajuste o seu *mindset* e tenha
sucesso pleno no trabalho, na família e na saúde** 31

Claudia Carraro e Marilsa de Sá Rodrigues
***Coaching* cognitivo - comportamental no desenvolvimento
de competências interpessoais de engenheiros** 39

Danielle Fausto
Carreiras de impacto 47

Deise Marcieli Steffens
Desenvolvendo líderes transformadores 55

Élida Fagundes
É possível trabalhar e (ainda) ser feliz? 63

Erick Herdy
Desenvolvimento de carreira para jovens 71

Eulália Andrade
Sua carreira descomplicada 79

Évila Carrera
Todo comportamento comunica 87

Fabíola Matos
Por onde você quer navegar e como vai inspirar a sua tripulação? 95

Jaques Grinberg
Por que somos estressados com o trabalho? 103

Joel Genaro
***Coaching* de carreira** 111

José Roberto Cavalcante Filho
A era digital e a experiência do cliente ampliada 119

Juliano Merlugo
Uma página para reinventar a carreira 127

Kelly Katiuscia
**Como a mulher pode transformar desafios em oportunidades
para construir uma carreira de sucesso** 135

Lara Campos
Adaptabilidade e forças de caráter na construção de carreira...............143

Madai Alencar
O resgate...............151

Marcelo Neri
**Liderança evolucionária:
a importância da gestão da inteligência emocional**...............159

Marcelo Simonato
Do estágio à liderança...............167

Marcia Attia Costa
Pare e pense!...............175

Marisa Plaza
A carreira dos novos cinquenta +...............183

Sandra Sampa
A liderança com maestria...............191

Sérgio Albuquerque Jr.
Liderando sua carreira...............199

Sidney Botelho
A profissão do futuro: *coach* treinador!...............207

Vanessa Apontes Zani
Mudança de trajetória x Mudança de identidade...............215

Walace Alves
**A importância da resiliência na carreira:
um breve olhar do *coach***...............223

1

Mulheres decididas e bem-sucedidas

Descubra como ter clareza sobre o que lhe proporciona satisfação pessoal e realização profissional. Entenda a importância sobre foco e planejamento e coloque em prática o primeiro passo fundamental para assumir o controle da sua vida e construir o futuro que deseja!

Aline Souza

Aline Souza

Administradora, pós-graduada em Gestão Estratégica de Pessoas pela Live University. *Coach* certificada pelo ICI – Integrated Coaching Institute. *Master coach* certificada pela Sociedade Brasileira de Coaching e especialista em *Career Coaching*. *Master trainer* certificada pela Sociedade Brasileira de Programação Neurolinguística. Carreira na área de gestão de pessoas com foco em desenvolvimento humano e organizacional. Experiência na elaboração e aplicação de treinamentos comportamentais para desenvolvimento de competências e condução de processos de *coaching* em grupo e individual para aprimoramento da gestão e liderança.

Contatos
alinesouza.contato@yahoo.com.br
(19) 98139-8692

> "Você não pode mudar seu destino da noite para o dia, mas pode mudar a sua direção."
>
> Jim Rohn

Bem-vinda! Vamos juntas embarcar em uma jornada de autoconhecimento, para que você possa liberar todo o seu potencial e conquistar tudo o que deseja.

Se você chegou até aqui é porque, de uma maneira ou de outra, busca mais realização e mais felicidade em sua vida, ou deseja fortalecer a sua autoconfiança e autoestima.

Tenho certeza de que esta leitura o ajudará a refletir sobre atitudes e hábitos que podem estar gerando resultados indesejados ou insatisfatórios. Ou, ainda, relembrar a importância de estabelecer objetivos e retomar o controle da sua vida sobre aspectos negligenciados. Pare de se sentir responsável pela vida dos outros e coloque-se em primeiro lugar! Somente assim a frustração e a ansiedade irão embora de vez.

Agora reflita e responda:

Você está sempre ocupada e nunca tem tempo para si?

Sente-se estressada e ansiosa com frequência?

Tem dificuldade em dizer não e faz tudo sozinha, porque acredita que é sua responsabilidade?

É perfeccionista, se cobra demais e se sente frustrada, porque as pessoas não reconhecem o seu esforço?

Cuidado! Se você respondeu sim a essas perguntas, isso indica que você pode ter perdido de vista os seus verdadeiros objetivos, ao tentar conciliar carreira e família. Mesmo que você não tenha marido e filhos e não trabalhe fora, pode se identificar com as frases acima.

Talvez você tenha desistido de elaborar planos, objetivos e metas, por não conseguir alcançá-los, não é mesmo? Você já se perguntou, por que não alcançamos as metas que criamos?

Não alcançamos as metas que criamos, porque, muitas vezes, as metas não são bem formuladas ou dimensionadas. Ou seja, ao pensar sobre o que queremos alcançar, devemos ser muito específicas e verificar se o prazo definido é apropriado para esse resultado. É praticamente impossível ser fluente em inglês em uma semana, já em seis meses ou um ano é, perfeitamente, alcançável.

Outras vezes, as estratégias para se alcançar algo são inadequadas ou inflexíveis. Se aquilo que está fazendo não está funcionando para atingir o que deseja, faça outra coisa. Há diferentes formas de se obter o mesmo resultado.

Motivos insuficientes ou desconhecidos também podem atrapalhar a conquista de metas, quando não há vontade legítima de realizar, ou quando não estamos dispostas a "pagar o preço".

E, finalmente, a presença de crenças limitantes. Para identificar se uma crença o limita ou o fortalece, pergunte-se: acreditar nisso/pensar dessa forma me aproxima ou me afasta dos meus objetivos? Se aproximá-lo, ok, mas se afastá-lo, desafie-se a pensar de maneira criativa! Precisamos identificar crenças limitantes e substituí-las por crenças fortalecedoras. Lembre-se de que uma crença nada mais é do que uma perspectiva, uma janela pela qual enxergamos o mundo. Quando você opta por ver o mundo através da janela das perspectivas positivas, cria um ponto de vista mais engenhoso e pode experimentar grandes mudanças em sua vida.

Agora que você já sabe o que fazer de diferente para alcançar as suas metas, de uma vez por todas, responda: o que você, realmente, deseja conquistar? A partir do momento que desenvolver as habilidades e o conhecimento necessário, você chegará lá!

Focar uma meta mobiliza os recursos necessários para alcançar o que deseja. Permite ao cérebro criar uma representação interna do projeto futuro e criar um contexto que permita a mudança.

O que precisa acontecer para que este mês seja extraordinário?

Autoliderança significa ser líder de si, à medida em que você assume o controle da sua vida, com propósito, plenitude e felicidade. Para que isso aconteça, além de ter metas claras e objetivos verdadeiros, precisamos buscar o equilíbrio por meio das quatro etapas a seguir:

1º- Definição de prioridades e objetivos: trata-se de definir prioridades e objetivos para a vida profissional, familiar e pessoal. Nenhum desses aspectos deve ser deixado de lado, especialmente objetivos pessoais. Por mais que você esteja focada em seus objetivos profissionais e familiares, esquecer-se de si é algo capaz de desequilibrar outras áreas da vida. Temos a tendência de generalizar, mas, o foco é fundamental na medida em que facilita identificar o ponto de atenção e direção. Definir o tema do momento.

Qual área da vida que, ao colocar mais foco, lhe trará mais satisfação?

2°- Gestão do tempo: é fundamental planejar atividades e compromissos, e manter uma agenda para tirar o máximo de proveito do seu tempo. Uma hora de planejamento economiza muitas horas de execução. Estar ocupada o tempo todo é diferente de ser produtiva.

O que você precisa fazer hoje para que seu dia seja, verdadeiramente, útil?

3°- Controle do estresse: controlar o estresse inclui identificar suas causas e elaborar estratégias para lidar com estes fatores, como cuidados com a saúde, alimentação saudável, exercícios regulares, momentos de lazer e relaxamento e trabalhar questões emocionais.

Qual será o novo hábito que, daqui a um ano, você se sentirá orgulhosa de ter iniciado hoje?

4°Projeto de vida familiar: esse projeto gera apoio e participação, além de fortalecer os laços e contribuir para tornar os relacionamentos mais saudáveis.

Qual comportamento você mudará para potencializar os seus relacionamentos?

Ter as coisas em mente é essencial e, para diminuir a ansiedade, é importante que você escreva tudo o que deseja mudar e defina pequenos passos diários. A ação é transformadora e lhe dará mais clareza sobre o que você quer e como conseguir, ainda que aos poucos.

Colocar essas dicas em prática o ajudará a sair da sua zona de conforto, pois é fora dela que a mágica acontece...

Zona de conforto é uma série de ações, pensamentos e comportamentos que estamos acostumadas a ter e que não causam nenhum tipo de medo, ansiedade ou risco, e não nos sentimos ameaçadas.

É uma falsa segurança, uma vez que, quando ocorre uma grande mudança, quem está muito confortável leva um choque maior e estará menos preparada para lidar com a nova situação. É preciso fazer algo, antes que isso se torne uma necessidade.

Precisamos agir fora zona de conforto para realizar progressos, aprendizados e desfrutar de realização pessoal e profissional.

Qual será o seu primeiro passo para sair da zona de conforto?

Agora, vamos falar de carreira!
Você tem planos e metas profissionais, mas não consegue realizá-los?
Perdeu o controle sobre sua trajetória profissional?
Não vê mais sentido nas atividades que desenvolve?
Tem sonhos, como empreender, mas não sabe por onde começar ou se é o momento?
Está desempregada e com dificuldades para se recolocar?
Quer realizar uma transição de carreira, mas não tem clareza do que precisa fazer?

Não se sentir realizada profissionalmente diminui a sua produtividade, a impede de tomar decisões assertivas, compromete sua perspectiva de evolução e crescimento, gera dúvidas e falta de propósito. Tudo isso pode afetar negativamente sua vida financeira, os seus relacionamentos e, principalmente, a sua qualidade de vida.

Quer virar esse jogo? Venha comigo!!!

Independentemente da trajetória que você escolheu ou em qual estágio da vida profissional se encontra, alguns passos são fundamentais para encurtar o caminho até seus objetivos e conquistar o sucesso que merece!

Mudar de carreira é uma das escolhas mais desafiadoras e a que tem maior potencial de transformar a sua vida. Para que essa mudança seja bem-sucedida, alguns passos são importantes:

• Tenha consciência das causas da sua insatisfação e entenda que o risco é maior se nada for feito;
• Comprometa-se com a pesquisa e a análise de informações sobre a nova carreira na qual está interessada e o modo como ela concilia com seus valores e objetivos;
• Avalie, cuidadosamente, os riscos, benefícios, consequências positivas e negativas da sua decisão;
• Assimile e considere novas informações, mesmo quando elas contrariam suas suposições e preferências;
• Reavalie todas as informações disponíveis antes de tomar a decisão final, e faça planos detalhados para implementar a carreira escolhida;
• Comprometa-se a agir e não desista diante dos primeiros obstáculos.

Espero que este conteúdo tenha contribuído para você se livrar de medos que podem atrapalhar a sua evolução pessoal e profissional e, finalmente, revelar todo o seu potencial. Mais importante do que adquirir conhecimento sobre ferramentas e técnicas de *coaching* é entrar em ação. É trilhar o caminho! E, nessa viagem, desafios e problemas surgirão, afinal de contas, é assim que aprendemos. Eu tenho certeza de que hoje você está mais preparada para lidar com adversidades, porque aprendeu que promover mudanças e virar o jogo só depende de você. Com foco, disciplina e comprometimento você conquistará tudo o que deseja e realizará os seus sonhos. Parabéns por ser esta mulher decidida e bem-sucedida!

Crer, ser, crescer e florescer!

A vida nos ensina que não devemos julgar, rapidamente, as situações e as pessoas. Ao vermos apenas uma estação da vida de uma árvore, estaremos certos de que ela seja feia, torta e retorcida no inverno. Já na primavera, diremos ser recoberta de botões e cheia de promessas. Durante o verão, afirmaremos estar coberta de flores, perfumada e muito bonita. E então, no outono, estará carregada e arqueada, cheia de frutas, cheia de vida.

Na lógica da vida, a tempestade vem, se instala, molha tudo. Achamos que vamos nos afogar e, depois, percebemos que só por causa dela florescemos. Por isso, não permita que a dor de apenas uma estação destrua a alegria de todas as outras. Se tentarem te enterrar, lembre-se de que você é semente. Regue-se por dentro e seja a flor que mora em teu ser. Uma flor não pensa em competir com a flor ao lado dela, ela apenas floresce. A felicidade é de florescer. Que nossa alma seja capaz de renascer e florescer a cada novo dia. Troque suas folhas, mas não perca suas raízes. O prazer, a dor, a alegria e o amor que vem de uma vida apenas podem ser medidos quando todas as estações estiverem completas. Tudo no seu tempo. Florescer exige passar por todas as estações.

Autor desconhecido

Dedico este artigo a uma pessoa muito especial, que já não está mais aqui e que vive dentro de mim.

2

Carreira de empreendedor, já pensou?

Eu considero que, hoje em dia, para se ter um negócio próprio ou ser um gestor, o nível de capacitação deve ser alto. Sem contar que, quem não tiver tal capacitação ou não for resiliente, não conseguirá ficar no jogo por muito tempo, independentemente de ser um empreendedor empresário ou um intraempreendedor (funcionário)

Carlos Fortes

Carlos Fortes

Palestrante, conferencista, empresário e especialista em desenvolvimento de equipes. Ministra palestras e treinamentos de vendas, atendimento ao cliente e motivação de equipes. Há mais de 15 anos dedica-se a desenvolver profissionais, potencializando os resultados das empresas. Com diversos cursos de especialização, é formado pelo Instituto Dale Carnegie, especialização no PGQP – Programa Gaúcho de Qualidade e Produtividade. Foi apresentador do programa Momento Empresarial na TV Bandeirantes. Ao longo desses 15 anos, desenvolveu mais de mil clientes ocultos em diferentes segmentos de mercado, o que o tornou em um *expert* em atendimento ao cliente e vendas. Considerado um dos maiores palestrantes do Brasil, já capacitou várias equipes em diferentes segmentos de mercado.

Contatos
www.carlosfortes.com.br
(51) 98557-0367

Muitos gestores não estão conseguindo se adaptar com a nova classe de trabalhadores/colaboradores, principalmente os mais jovens que, hoje em dia, para serem felizes dentro de uma empresa, não basta cargo, salário e bom ambiente de trabalho. Esses profissionais valorizam outras características como trabalho compartilhado, ações sociais que a empresa desenvolve, o que devolve para sociedade etc.

Tornei-me gerente aos 19 anos de idade, em uma rede de escolas de cursos profissionalizantes no Rio Grande do Sul. A duras penas, aprendi que o meu sucesso estava ligado diretamente à cooperação da minha equipe. Com o passar dos anos, criei um lema e levo para todos os gestores que participam dos meus treinamentos, que é: "erre com papéis, mas não erre com as pessoas". O sucesso do seu negócio está ligado a sua capacidade de entender pessoas.

Porém, para você ter sucesso com pessoas, é preciso entender um pouco sobre o processo de evolução que estamos sofrendo, e o seu impacto na humanidade.

Essas mudanças no perfil se dão a partir da evolução das gerações, e isso vem desde o término da Segunda Guerra Mundial, em que os soldados que voltaram para suas casas cheios de saudades, passaram a engravidar suas esposas e namoradas, o que culminou em um número grande de bebês nascendo. Essa geração foi chamada de *Baby Boomers*.

Que diferenciais ou atrativos você, como empreendedor ou intraempreendedor, pode oferecer para os seus colegas de trabalho ou colaboradores?

Para ajudá-lo, listarei dez itens sobre a postura do líder moderno:

1- Líder amigo: para conseguir a cooperação da equipe, é necessário que você seja próximo dela. Quando me refiro a ser amigo, estou falando de conseguir conquistar a confiança dos colaboradores, para que quando tiverem qualquer problema ou dificuldades, tenham liberdade de contar com o líder. Da mesma forma, quando você solicitar ou lançar um desafio, a tendência de equipe atingir esse desafio será grande, pois quando um amigo pede algo, normalmente, queremos fazer de tudo para atender esse pedido. Seja amigo, mas não amigo, como assim? Você não vai frequentar a casa dos seus liderados, evite sair para festas, procure evitar ter contato fora do ambiente de trabalho. Precisamos entender que a vida de um líder, ao mesmo tempo em que ele está na presença de muitas pessoas, vai ser também muito solitária, pois essa separação será fundamental para uma gestão eficiente.

2- Dê *feedbacks*: é muito comum o líder apontar os erros das pessoas, qualquer coisa que saia fora do procedimento, imediatamente, é comentada e chamada a atenção. Agora, o que, na maioria das vezes, não acontece, é que quando o colaborador faz coisas corretas ou quando ele melhora um procedimento, não é chamado e reconhecido por essa melhoria. As pessoas não trabalham somente por dinheiro, elas esperam esses *feedbacks* positivos. Em muitos casos, essas devolutivas motivarão mais do que propriamente o dinheiro. Canso de ouvir profissionais de vendas falarem que se seus líderes falassem mais sobre o desenvolvimento do trabalho, seriam mais assertivos no seu dia a dia. Não perca a oportunidade de elogiar a sua equipe, mesmo que para você pareça tão pequena aquela evolução, elogie e terá uma equipe comprometida com resultados.

3- Seja incentivador: o rendimento da equipe se dará a partir da postura do líder, seja entusiasta e tenha uma equipe entusiasta, seja água morna e tenha uma equipe água morna.
Estudos comprovam que você é a média das cinco pessoas com quem mais convive durante o seu dia a dia. Se andar com pessoas desmotivadas, a tendência é de você ser desmotivado. Se você andar com pessoas que são para frente, alto astral, a tendência é que será para frente e alto astral. Há muitos donos de empresa e gerentes que não controlam suas emoções e problemas, e acabam externando isso para a equipe. Consequentemente, ela vai reagir da mesma forma, e os resultados que a empresa precisa não virão.

4- Seja ético: foi-se o tempo daquela máxima que dizia: "faça o que eu digo, mas não faça o que eu faço". As pessoas não aguentam mais promessas, falácias e acordos que não são cumpridos. Os líderes devem ser os primeiros a cumprir tudo o que falam, a cumprir as normas e procedimentos da empresa.

5- Líder servidor: entenda que não é a equipe que está ali para lhe servir, mas você para servi-la. Em primeiro lugar, você e a sua empresa devem proporcionar e fornecer os subsídios necessários para que o time consiga desempenhar um trabalho de excelência. A equipe, estando amparada com tudo que precisa, será positiva e motivada.

6- Líder exemplar: sabemos que os exemplos impactam as pessoas, sejam negativos ou, principalmente, positivos. Por isso, seja o primeiro a cumprir as normas da empresa, não seja um gerente teórico, saiba desenvolver o trabalho que sua equipe desenvolve, para que no dia que você precisar dar um exemplo prático, tenha condições. Sabemos que ao ocupar um cargo de liderança, haverá algumas regalias, porém, cuide para não potencializar essas regalias para sua equipe, pois se isso acontecer, se acharão no direito de tê-las também.

Em uma empresa com o horário de trabalho bem extenso (três turnos), o gerente tinha liberdade para fazer o cronograma que queria, desde que ficasse dentro de dois turnos de trabalho. Se ele trabalhasse na parte da manhã e da tarde, poderia ir embora à noite, se ele fosse trabalhar tarde e noite, poderia ficar em casa descansando na parte da manhã. Porém, toda vez que ele não estava na empresa, ele se disponibilizava para atender casos urgentes que ocorressem durante a sua ausência. Por direito, esse gerente poderia tirar as folgas, porém, a forma que ele colocava para a equipe não era a mais adequada, pois aquele funcionário que foi contratado para fazer um turno preestabelecido a tarde e à noite, por exemplo, se achava no direito de mudar seu turno para poder folgar.

Como esse gerente deveria fazer, então?

A forma correta seria que todas as vezes que tivesse que sair, mesmo que fosse para tirar suas folgas, falasse que tinha um compromisso, mas que a equipe poderia contar com a sua ajuda. Lógico que esse gestor teria que treinar sua equipe para saber avaliar o nível de importância do assunto, antes de recorrer a ele.

7- Assuma a responsabilidade: nessas minhas andanças por vários tipos de empresas, tenho percebido que certos líderes são somente para momentos bons, quando as turbulências surgem, eles dão um jeito de desaparecer ou fogem das responsabilidades.

Já presenciei muitos líderes dizendo para os subordinados: "dá teus pulos" ou "isso é um problema para vocês resolverem".

Estudos comprovam que a equipe é reflexo do líder e que a produtividade aumentará se a liderança for presente e assumir responsabilidades, pois o exemplo do líder é a melhor ferramenta de influência e cooperação.

8- Faça sua equipe participar das ações dentro da empresa: é muito importante que a equipe participe das tomadas de decisões dentro da empresa ou do setor em que atua, é uma tendência das pessoas se comprometerem e se engajarem mais sobre aquelas ações que elas ajudaram a definir. Por exemplo, se você é líder de uma equipe de vendas, por mais que já saiba o que deve ser feito para essas vendas aumentarem, estimule a sua equipe a dar ideias, até chegar ao ponto em que gostaria. A partir daí é implantar e colher os resultados, pois nenhum colaborador em sã consciência vai querer ver a sua ideia não dar certo.

9- Nunca aja de cabeça quente: posso me orgulhar que nesses anos todos gerindo pessoas, nunca tive uma ação trabalhista na minha empresa e nas empresas por onde passei. Sempre amenizei situações, na hora de uma demissão, ainda mais. Por mais que eu estivesse extremamente chateado com a pessoa, a minha postura sempre foi de pacificador, pois entendo que, em uma demissão, irritá-la só irá tornar as coisas mais difíceis, por isso eu nunca dizia os reais motivos pelo quais estava rescindindo o contrato.

Nessa hora, eu agradecia a pessoa pelo tempo que ela passara ali, pelos serviços prestados, pedia desculpas por qualquer coisa e me colocava à disposição. Se o candidato perguntasse sobre o motivo pelo qual ele estava sendo desligado, eu simplesmente dizia que a decisão já havia sido tomada e que não tinha como voltar atrás. Na sequência, saía acertando os detalhes para o pagamento da rescisão.

Outro ponto em uma demissão é realizá-la sempre às sextas-feiras, no final do expediente, pois o impacto para a pessoa e demais integrantes da equipe serão menores. Com o final de semana pela frente, os colaboradores vão assimilando gradativamente.

Outra dica importante é deixar para cobrar algo dos colaborares no final do expediente. Essa atitude é sempre benéfica, porém, se realmente é um assunto que não dá para deixar passar, aí deve-se ser feito na hora. Mas, sempre que puder evitar de desmotivar o funcionário durante o turno de trabalho, evite.

E vale lembrar ainda que: cobranças em particular, reconhecimentos em público...

10- Sistema fato | causa | ação: quando conheci essa metodologia, achei fantástica a sua funcionalidade, pois além de manter registros das coisas que são tratadas com os funcionários, você consegue desenvolver um plano de ação para melhorar a rotina diária de cada colaborador.

A metodologia funciona da seguinte maneira:

Fato: coisa ou ação feita; sucesso, caso, acontecimento, feito.

Causa: aquilo ou aquele que ocasiona um acontecimento ou faz com que uma coisa exista; princípio; origem; motivo, razão, pretexto; partido.

Ação: o que vai ser feito dali em diante...

Toda vez que você tiver que cobrar alguma coisa de alguém ou de algum setor, poderá utilizar essa metodologia e registrar tudo o que foi combinado.

Veja o exemplo abaixo:

Data	FATO	CAUSA	AÇÃO	Assinatura do colaborador
10/04/2018	Se atrasou.	O seu relógio não despertou.	Vai providenciar outro relógio.	
03/05/2018	Esqueceu o jaleco do uniforme.	Falta de atenção, e conferência no seu material antes de sair de casa.	Fazer uma lista para conferir se todos os materiais estão ali.	
10/06/2018	Não atingimento das metas de vendas.	Pouca procura, melhorar promoções, pouca prospecção.	Oferecer produtos adicionais, contar mais clientes durante o mês, enviar arquivos nas redes sociais.	

Colaborador: Paulo Fonseca.

Nos campos fato e causa, você preenche, porém, sempre questionando o colaborador. No campo ação, peça para ele primeiro falar que ações ele pretende desenvolver para que isso não ocorra mais e, depois, solicite para ele preencher esse campo e assinar ao lado. Quando você mantém um registro de algo que cobrou ou combinou com uma pessoa ou um grupo, e ao lado ainda tem assinatura dos envolvidos, o nível de comprometimento será grande para que de fato aquilo que foi combinado aconteça. Essa ferramenta ajudará a controlar quantas vezes o líder teve que falar sobre o mesmo assunto, assim ficam mais fáceis as tomadas de decisão.

Liderar não é uma ciência exata. Conforme os anos vão passando, as pessoas evoluem e o processo de liderar deve acompanhar essas mudanças de comportamento. A dica que deixo para você que acabou de compreender a importância do líder moderno é: nunca pare de estudar e de se reciclar como profissional.

3

Ser *coach* de carreira é uma missão

Neste capítulo, o leitor sentirá, em um estudo de caso, como o dia a dia do *coach* de carreira influencia, harmoniosamente, as emoções dadas e recebidas, com dosagem e esclarecimento sobre o porquê ser *coach* é uma missão

Carlos Roberto Martins

Carlos Roberto Martins

Bacharel em direito, pedagogia e música. Pós-graduado em psicopedagogia, arteterapia e musicoterapia. Autor de cinco livros, palestrante, *coach* e pesquisador. Já percorreu mais de 73 países, e ganhou 36 prêmios nos últimos dez anos.

Contatos
carlostcharam@hotmail.com
(11) 99528-9689

Coach de carreira tornou-se uma necessidade singular porque a demanda de pessoas desanimadas e insatisfeitas com seus trabalhos aumentou drasticamente. Esse descontentamento abriu uma lacuna bem grande, podendo, assim, o *coach* trabalhar mais e sempre melhor, pois a maior demanda trouxe maiores desafios e maiores experiências para cada vez mais entender como o mercado trata seus colaboradores e também fez com que o *coach* se especializasse mais, com a procura da criação de novas e inéditas ferramentas.

Provadamente, 80% das pessoas ativas que trabalham estão infelizes e estressadas com suas atividades, contaminando o ambiente onde não agregam e o empregador sofre consequências que refletem na produção. O giro de capital cai significativamente quando a produção diminui e o país não gera ativos prósperos em seu ápice e o PIB (Percentual Interno Brasileiro) fica cada vez menor. Todos perdem, mas não é sobre economia que quero falar e, sim, como o *coach* de carreira pode amenizar e contribuir ao crescimento pessoal individual e coletivo, impulsionando a economia e melhorando a autoestima dos *coachees*.

Muitos clientes *coachees* chegam ao meu escritório com vontade de melhorar a qualidade de vida mudando de emprego ou desejando crescer dentro da empresa onde trabalham e não possuem coragem e nem conhecimento do caminho a tomar para alcançar seus objetivos.

A busca por soluções no âmbito carreira tem sido de tamanho expressivo e abundante o que impulsiona e atrai muitos profissionais a se transformarem em *coach* de carreira, esses *coaches* que também migraram de suas carreiras para contribuírem com outrem e consigo também, pois buscam informações e se especializam em questões profissionais para solucionarem da melhor forma a transição do *coachee*.

Na esfera global, a tecnologia está tomando lugares da mão de obra humana e colocando-os em situações de desespero. Hoje máquinas fazem soldas enquanto muitos soldadores especializados carecem de provisões básicas e acabam se sujeitando a fazerem trabalhos que antes nunca pensaram em fazer. A insatisfação está tomando conta da grande maioria das pessoas pelo medo da escassez do trabalho manual comum, pois muitas das profissões estão com seus dias contados.

A migração não é mais uma opção e, sim, uma obrigação para muitas pessoas. Ser *coach* de carreira é ser um investigador e um atencioso e meticuloso *expert* sobre as mudanças e o desenvolvimento global, pois o *coachee* espera que o *coach* o ajude com base em sua competência e em sua habilidade específica profissional para a transformação ansiada. Tenho recebido muitos pais que me procuram, pois seus jovens recém-saídos do ensino médio não querem trabalhar com seus pais porque querem ter suas próprias decisões, mas não sabem ainda o que querem desenvolver profissionalmente.

Essa dúvida paira em milhões de mentes ansiosas e inexperientes porque percebem que a escolha que for feita poderá afetar diretamente sua liberdade ou seu estilo de vida. Essa questão pode ser respondida por meio de um *coach* vocacional com testes de aptidão, mas o olho no olho e um direcionamento tanto racional como emocional, faz com que o *coachee* consiga visualizar sistematicamente todas as áreas da vida e ir além, fazendo-o enxergar como a profissão escolhida pode afetar sua vida a médio e a longo prazo. Muitos universitários acabam mudando de curso assim que percebem ou sentem insatisfação com o curso escolhido e entra a dúvida sobre qual curso realmente vai fazê-lo estar feliz com a profissão, ao me procurar: coloco-me como um apoiador de seu projeto de mudança e inicio uma jornada onde o *coachee* acaba por responder seus próprios questionamentos, que, muitas vezes, nem estão relacionados diretamente com a profissão e, sim, por questões de crenças difusas, vida mal resolvida e outros tantos questionamentos mal resolvidos.'

Tenho um exemplo que quero relatar deixando bem claro que o nome desse *coachee* (Marcos) e de seu pai (Sr. Clóvis), são fictícios para não ferir o código de conduta e sigilo pessoal e sua personalidade ilibada, além de protegê-lo de qualquer tipo de especulação. Ainda lembro da primeira sessão de *coaching* de carreira, quando entrou em minha sala um jovem recém-formado em Ciências Jurídicas falando sem parar e com muita vontade de realizar o que gostava e não o que seu pai queria... O pai pagou toda sua faculdade para que um dia Marcos fosse advogado, uma vez que o pai o Sr. Clóvis também exercia tal profissão e era de fato bem afamado e sucedido.

Marcos, um jovem cheio de esperança e com muita vontade para desbravar outras fontes de trabalho, me disse que faria de tudo, menos ser advogado. Na mesma proporção de repúdio pela profissão de advogado, temia por decepcionar seu tão amado pai. Ficava evidente para mim que eu precisava entender primeiro sua esfera emocional, como e por que esse sentimento de repúdio a uma profissão nobre estava afetando Marcos. Começamos a realizar e investigar novas habilidades e, incrivelmente, Marcos provia de múltiplas inteligências, fato que me impressionou muito e quase caí na armadilha de aceitar as primeiras intenções reais de mudanças pelo que ele me relatava.

Com as PPS (perguntas poderosas sábias), o rumo de nossas sessões tomou uma proporção irregular ou fora do quadro comum de sessões anteriores. Marcos mostrava nitidamente que não era a profissão que o abalava e, sim, o fato de seu pai querer guiá-lo. Marcos estava cansado de seu pai perturbá-lo incessantemente a ponto de sentarem para jantar e não houvesse outro assunto senão Ciências Jurídicas. Numa sessão que já quase estava ao fim, fiz uma dinâmica simples onde Marcos começou a chorar e resolvi fazer a roda da vida (não fizera antes porque ele já veio decidido a não querer ser advogado e parecia ser apenas uma transição). Impressionantemente, ali desvendei, por meio de seus relatos uma mágoa profunda do pai que era austero, muito controlador e extremamente autoritário.

Marcos, com seus 25 anos, não tinha vida social por causa do Sr. Clóvis e não podia desenvolver seu lado espiritual, com o qual queria poder ser mais ativo. Não obstante as proibições, o Sr. Clóvis requeria que Marcos desse quase todo seu pequeno salário de estagiário, para Marcos era uma forma de manipular suas poucas saídas para ver familiares ou amigos. Seu pai queria que ele estudasse, estudasse e estudasse... Dizia que um dia ainda Marcos iria agradecê-lo.

Verdadeiramente, Marcos não estava frustrado com a profissão de advogar, mas como ele era conduzido. Quando fiz a pergunta de "um milhão de dólares" a ele, um instante de silêncio cortou o pequeno escritório onde fazíamos as sessões e, de repente, com os olhos esbugalhados gritou: serei um ator, um ator, um atorrrrrr. Faltavam duas sessões e aproveitei para indagar como faria isso? Como enfrentar e conviver com a decepção do pai? Como seria daquele momento em diante para ele? Na próxima sessão, lá veio o Marcos com um sorrisão dizendo que pela primeira vez enfrentara seu pai com argumentos fervorosos que nem mesmo o mais refutado magistrado podia desbancar. Foi para ele uma libertação emocional literal. Há algum tempo fui ao teatro assistir uma peça e uma mão pousou sobre meu ombro esquerdo, virei e para minha surpresa... Marcos abriu um lindo sorriso de satisfação e alegria e disse:

— Muito obrigado Prof. Carlos, sou imensamente grato a ti e ao processo de coaching.
Como as perguntas se tornam respostas? – eu curiosamente perguntei.
— E como anda sua relação com o seu pai?
Ouvi outra gargalhada ainda maior que vinha de um senhor alto, forte e bem calvo, com o bigode espesso e um brilho no olhar altivo e bem singular. Era de seu pai, que também havia se tornado ator. Ambos estavam satisfeitos e contentes, trabalhando, inclusive, juntos.
Minha admiração foi tamanha pelo fato de que Marcos conseguira se libertar de um julgo simplesmente por não ter a coragem necessária

de dizer o que queria e se impor naquilo que realmente gostava e desejava. Despedi-me deles com sentimento de missão cumprida, mas com a satisfação de poder, por meio de ferramentas fundamentais, ajudar pessoas a se resgatarem ou se guiarem por suas escolhas.

Ser *coach* de carreira é, sem dúvida, uma missão ímpar da capacitação emocional e do direcionamento positivo na busca da verdadeira vocação racional em sua plenitude e essência profissional. O direcionamento é conduzido pelo *coach*, mas a escolha é exclusiva do *coachee*, que pode estar procurando se desenvolver na carreira, ou estar em busca de uma nova oportunidade no mercado competitivo, ou, ainda, pode estar querendo expandir-se empreendedoramente e o medo o cerca, ou a insegurança toma conta de si por estar fora do mercado por algum tempo, etc... Enfim, são tantas vertentes de dúvidas e de oportunidades que carece de uma explanação coesa e clara para que ambos saiam satisfeitos, o *coach* e o *coachee*.

Decidir por uma carreira que será vivenciada pelo resto da vida é de fato uma escolha muito importante, pois pode trazer bastante arrependimento futuro pela perda de tempo, de capital e de energia. Nas décadas de 80 e 90, a velocidade do tempo fúnebre de certas profissões era bem mais espaçada do que hoje, podia-se ficar numa única empresa até se aposentar, mas não é assim mais, pois muitas profissões surgem o tempo todo, principalmente as ligadas à tecnologia. Em contrapartida, várias outras estão definhando e sendo substituídas; obrigando a troca incessante de pessoas qualificadas e preparadas para atender à demanda noviça.

Nesse processo, muitos se sentem completamente perdidos ou não permanecem em suas funções, buscando novas oportunidades e melhores condições de vida, e é aí que o *coach* participa para maximizar o potencial do indivíduo, facilitando o encontro do *coachee* com sua verdadeira vontade e escolha. O *coach* também pode ajudar pessoas que, em suas carreiras, desperdiçam muito tempo e podem ser mais produtivas em menos tempo. Outros procuram o *coach* de carreira para tomar melhores decisões dentro da empresa que trabalham e/ou pelo fato de procurarem crescer na carreira, ou acelerarem a produtividade intelectual para alcançar promoções efetivas. O mais importante é que todos nós, em algum momento de nossas vidas, vamos precisar de alguém para nos auxiliar e nos guiar a encontrar o caminho perdido ou até um novo.

Com essa ajuda, o caminho fica mais curto e mais rápido, porque o *coachee* será cobrado incessantemente durante as sessões, além de seguir passo a passo a trajetória, eliminando lacunas desnecessárias e valorizando seus talentos e aptidões. Além de guiar, sobretudo na escolha ou ajuda da profissão, o *coach* pode e deve ajudar em outras áreas da vida dos seus *coachees*, pois a escolha de uma nova profissão pode ter sido demandada de uma frustração ou perda. Muitas situações da vida nos fazem cair e precisamos de incentivos e uma mão amiga ou profissional para nos reestabelecermos. Quando um *coachee* procura ajuda, pode ser porque não encontra pessoas próximas para conversar sobre o assunto e, uma vez derrotado e sem poder contar suas aspirações, essa situação pode levá-lo à incerteza e ao desespero. Que fique claramente evidenciado que *coach* não é psicólogo, terapeuta, psiquiatra, médico, consultor ou mentor.

Coach é um ser iluminado que se prepara para enfrentar situações onde não colocará sua opinião sobre o que se deve fazer, mas auxiliar e conduzir o *coachee* a se encontrar respondendo aquilo que está incutido dentro si. Um *coach* que se preze não deve ser curioso, deve deixar fruir as sessões e observar como se comporta seu *coachee* para mapear as circunstâncias e agir com perguntas instigantes e provocadoras. Seu papel é despertar dentro do *coachee* uma força desconhecida ou adormecida, um pensamento amadurecido ou um *insight*, que desencadeia uma decisão importante que se resulta na busca esperada do *coachee*. Ser *coach* é uma missão. Lembro-me bem de que, quando decidi fazer o curso, imaginei que era para atender as pessoas e usar as ferramentas aprendidas... Não estava errado, era isso também. Quando fui entendendo a dinâmica e o andamento do processo de *coaching*, minha imaginação, ainda limitada, se expandiu, meu *mindset* despertou e comecei imaginar possibilidades. A transformação foi tão rápida que mal pude perceber o que acontecia, quando o dia findava e dentro do carro fazia uma retrospectiva do que havia acontecido durante o dia, ficava maravilhado e motivado, aguardando ansioso para estar lá no próximo.

Talvez, aquela empolgação se deva pelo fato de que nunca tinha ido em psicólogos ou terapeutas para falar sobre meus problemas ou perdas. Depois de conhecer o processo e entender que não se tratava de nenhum tratamento psicológico ou terapêutico, abracei a causa de ser um colaborador no universo. O movimento de estratégias facilitou a compreensão e a aceitação imediata fez com que minha intenção conspirasse para ser um bom *coach*. Tenho atendido pessoas que não imaginavam o seu potencial, que procrastinavam, mentiam e achavam que era normal viver na mentira, acreditavam que eram mais do que eram e caíram na realidade, pessoas cegas financeiramente, destruídas, que não se davam com seus familiares, não tinham amigos e não entendiam por que tudo isso acontecia em suas vidas.

A motivação durante o processo é primordial, pois muitos não acreditam em si. Motivar é um ato de doação, pois tudo o que enviamos para o universo, recebemos de volta. Se doarmos amor, teremos de volta amor, pois, com certeza, o universo conspirará para termos o que realmente merecemos. Algo de muito bom aconteceu comigo e quero compartilhar com você. Eu me considerava um bom menino, mas nunca ajudava efetivamente alguém que precisasse. Mesmo que a bondade e a vontade estivessem comigo, nunca havia ajudado de verdade alguém com constância. Fazia caridade, mas raramente.

Minha chave virou quando, em uma das metas do curso precisaria ajudar comunidades, ONGs, entidades etc... Meu grupo foi bem abaixo da média. Quando todos os grupos começaram a proferir o que fizeram durante 20 dias aproximadamente, fiquei hiperenvergonhado e com um sentimento estranho de incompetência, pois poderia fazer muito mais e havia feito apenas o necessário. Daquele momento em diante, passei a ser muito mais prestativo a quem precisa. Meu coração se abriu e bons fluídos emanaram. Sinto-me hoje um homem bondoso na essência e com um olhar misericordioso. Em contrapartida, sinto na pele os benefícios que tenho tido por pensar e agir dessa forma. Fui violinista profissional por 30 anos, escrevi 4 livros e 1 artigo editado, recebi 36 prêmios de destaque e honra ao mérito durante os últimos 20 anos, viajei nos últimos 10 anos para 73 países, fiz cursos técnicos e terminei 6 cursos universitários e hoje faço palestras e atendimentos de *coaching*. Minha mente trabalha mesmo quando estou a descansar. Aprendi que até água parada apodrece.

Então, especializo-me cada vez mais para estar sempre pronto a ajudar. Por isso, digo que ser *coach* é uma missão, porque o que aqui fazemos, aqui deixamos. Queremos que as pessoas tenham essa visão extraordinária, mas nem todos conseguem ampliar o prisma da intelectualidade. Muita gente está na zona de conforto e não se atenta sobre a própria vida. O tempo é implacável e feliz daquele que se descobre ou se redescobre antes da partida final.

Ser *coach* de carreira é poder incentivar e fazer sair da zona de conforto, ajudar enxergar o horizonte, mostrar o potencial que cada um tem e motivar pessoas que querem avançar, mas não possuem iniciativa. Além de ajudar outrem, o *coach* também se nutre dos ensinamentos que a vida traz porque cada caso é um caso e uma história se difere da outra, ainda que o problema seja o mesmo.. É de extrema importância que saibamos que a maioria das pessoas trabalha por extrema necessidade e se sujeita a fazer atividades que provocam males emocionais, que se tornam traumas por vezes irreversíveis ao longo de anos. Pessoas que não se reciclam caem na armadilha de continuar sempre fazendo o que detestam. Abre-se a lacuna para que o *coach* possa trabalhar esse nicho, que provavelmente será inesgotável. Sabendo trabalhar uma *network* infalível, sempre terá trabalho com abundância. *Coach* de carreira, essa é a minha *vibe* é a minha missão.

4

Ajuste o seu *mindset* e tenha sucesso pleno no trabalho, na família e na saúde

Neste capítulo, você irá descobrir por qual motivo algumas pessoas têm sucesso e outras não, qual o segredo ou quais as atitudes necessárias para alcançar esse sucesso desejado por muitos. Falar de carreira é falar de mudanças constantes e de *mindset*. Já sobre o sucesso, é abordar resultados não apenas profissionais, mas também pessoais com foco na família e na saúde

Celso Rogério Morila

Celso Rogério Morila

Atuou em empresas multinacionais como Bosch, Snap-on, Tecnomotor, no segmento de equipamentos para diagnóstico automotivo. Há mais de 30 anos na área de negócios e 22 em liderança de equipes. Formado em *marketing*, especializado em gestão comercial e formação de equipes de alta *performance*. Possui larga experiência em treinamentos de foco em vendas e negociação com motivação. Concluiu diversos cursos em gestão comercial, treinamento e negociação em vendas.

Contato
celso.morila@gmail.com

"Por que será que algumas pessoas têm sucesso pleno e outras não?". Essa é uma pergunta que me faço há muito tempo, pois cansei de estudar sobre pessoas de sucesso e não entender o porquê de muitas delas serem famosas, terem uma vida financeira excelente, uma família estruturada, realização acadêmica, enfim, ter tudo e ainda sentir que falta alguma coisa para serem felizes. É exatamente para isso que eu chamo a sua atenção, para o sucesso pleno.

De tanto estudar, lendo um livro chamado *Mindset: a nova psicologia do sucesso*, de uma professora de psicologia da Universidade de Stanford, especialista em motivação e psicologia da personalidade, Carol Dweck, obtive a resposta e será um imenso prazer compartilhar com vocês.

Em seu livro, Dweck escreve como o sucesso pode ser alcançado pela maneira como lidamos com nossos objetivos. Por meio de muita pesquisa, a autora afirma que o *mindset* não é um mero traço de personalidade, é a explicação do porquê somos otimistas ou pessimistas, bem-sucedidos ou não.

Este livro define nossa relação com o trabalho, com as pessoas e até a maneira como educamos nossos filhos. É um fator decisivo para que todo o nosso potencial seja explorado, desde que você aceite ajustar seu *mindset*.

O que é *mindset* e qual é o seu? Entenda e o ajuste para ter uma vida muito melhor

A palavra *mindset* vem do inglês; *mind* significa mente, *set* significa configuração, ou seja, a "configuração da sua mente".

Como sua mente vê o mundo, como se fosse uma voz dentro de você, é o seu modelo mental.

É como você enxerga o mundo, suas crenças e seus valores. Por exemplo, você já deve ter ido a uma festa que achou ótima, mas veio um conhecido e disse que achou entediante.

Isso é *mindset*. Não tem certo ou errado, apenas como ele enxerga aquele local, as pessoas, a comida, a música, as bebidas, enfim, o andar da festa.

Às vezes, um simples local muito fechado, ou no 15º andar de um prédio, não o faz se sentir bem. Entendeu?

Existem dois tipos de *mindset*, o fixo e o de crescimento progressivo. Em seus estudos, ela nos mostra o quanto isso é importante nas decisões em nossas vidas.

Vejamos como o *mindset* pode ser útil para tudo em sua vida:
Conseguir enxergar o lado bom de uma situação nem sempre é fácil. No entanto, essa é uma habilidade que pode ser desenvolvida por qualquer pessoa, conhecendo o seu *mindset*!

Basicamente, com o conceito de Carol, é possível não só aprender a criar uma mentalidade a seu favor, como também aprender a enfrentar dificuldades em diversas áreas, como nas amizades, no trabalho, nos negócios, na família, nos estudos e no amor.

Vocês sabiam que uma mudança no seu *mindset* pode ser o que falta para tentar algo novo que o leve ao sucesso?

Agora, também existem pessoas que preferem o *mindset* fixo, aquele que se baseia em ideias imutáveis, que são tradicionalmente "politicamente corretas", sem arriscar algo novo, mesmo que seja o seu simples cumprimento de "bom dia!" para as pessoas.

Faça esse teste, as pessoas vão perceber.

Já para as pessoas com *mindset* positivo, mesmo os esforços são prazerosos, pois, mesmo nas piores situações, elas enxergam evolução, conseguem tirar boas lições.

Portanto, se você deseja criar uma atitude mental que o ajude a alcançar o sucesso, deixe suas ideias fixas de lado, saia da caixinha e procure ter atitudes diferentes que levem a ideias mirabolantes.

Acredito que só tenha um jeito de se fazer isso: ter novas experiências. Aquilo que há 20 anos não funcionou, hoje, pode, sim, funcionar, pois é outro momento, outra época, outra tecnologia.

Mudança de crenças não é tão simples assim. Quer ver um exemplo?

A geração dos meus pais acreditava que tomar leite com manga fazia mal, que cortar o cabelo após o almoço entortava a boca, que quebrar um espelho dava sete anos de azar, enfim, crenças que não servem mais para os dias de hoje.

Você só mudará suas atitudes se acreditar em coisas novas, só assim alterará o seu *mindset*.

Com essa mudança, você terá novos resultados. Não estou dizendo que serão melhores ou piores, o que quero dizer é que fazendo igual a mesma coisa, o resultado nunca será diferente. Entretanto, se você fizer diferente, com certeza, o resultado não será igual.

Como seres humanos, evoluímos ao longo dos últimos 200 mil anos em um ambiente linear e local. A única coisa que afetava um ser humano das planícies da África era o que estava por vir em um dia de caminhada e de caça. Se algo estivesse acontecendo no outro lado do planeta, ninguém saberia.

A vida também foi linear para nossos tataravós, bisavós, avós e pais. Hoje, vivemos num mundo que é totalmente global. Se algo acontece no Japão ou na Europa, isso afeta você no Brasil, literalmente, instantes depois, seja nos preços das ações, juros, notícias, temores, o que for.

Hoje, você encontra um celular ou um *laptop* quatro vezes mais rápido, pelo mesmo preço cobrado um ano atrás. Vivemos em tempos de muitas mudanças, às vezes, extremamente turbulentas. A única coisa que temos certeza é que as coisas estão mudando com muito mais velocidade a cada dia.

O que causa tantas mudanças?
Há duas forças que estão causando esse ritmo acelerado de mudanças. Elas se encaixam em dois grandes grupos:
Tecnologias exponenciais são tecnologias que dobram de poder a cada 12 ou 24 meses (computadores, inteligência artificial, robótica, impressão 3D, biologia sintética, medicina digital). Essas tecnologias estão transformando todas as indústrias que conhecemos.

Ferramentas de comunidades e *crowdsourcing*: concursos, coleta de dados, comunidades "faça você", financiamento coletivo, criatividade coletiva.

Um exemplo clássico de tecnologia exponencial é escrito pela "Lei de Moore", que prevê que a cada ciclo de 18 a 24 meses, a capacidade de processamento dos computadores dobra, enquanto os custos permanecem constantes. A teoria foi publicada pela primeira vez em 1965 na Electronic Magazine, pelo engenheiro Gordon Moore, três anos antes de se tornar um dos fundadores da Intel.

Empresas como a Kodak e a Xerox não viram a tecnologia exponencial se aproximando e as colocando para fora do mercado.

É previsto que, nos próximos dez anos, muitas empresas que não mudarem o seu jeito de trabalhar, a sua cultura, seus valores, é muito provável que não existirão mais.

Mas, como podemos criar um *mindset* exponencial em um mundo que está se transformando em digital?
Mark Bonchek cita três exemplos de *mindset* exponencial e suas escalas de transformação:
— Se a Google não tivesse tido uma mentalidade exponencial, jamais teria criado uma visão tão ambiciosa de como "organizar toda a informação que existe no mundo";

— O Facebook nunca teria tido a ousadia de "tornar o mundo mais aberto e conectado";
— E a Airbnb jamais teria "criado uma disruptura na hotelaria, conectando pessoas ao redor do mundo".

Não há como saber o que virá no outro lado da curva. Não é possível desenhar uma linha reta. Não há um plano passo a passo. É essa mentalidade exponencial que ajuda você a tornar-se confortável com a incerteza e ter mais ambição com a sua visão.

O que é *mindset* digital nas empresas?
Esse é um novo conceito que ganha espaço a cada dia, é a transformação digital. No entanto, esse processo transformador demanda uma mudança de 360° nos processos de uma empresa.

As diretrizes urgentes que a tecnologia impõe fazem com que o *mindset* digital ganhe território a minuto.

Ele atua fortemente como uma alternativa ou mesmo uma forma de driblar o receio de alteração nos processos diários, pois os humanos são muito resistentes à mudança de processos.

Mas afinal, o que é *mindset* digital?
Vamos simplificar e nos ater momentaneamente apenas ao *mindset*, que é o nosso modo de olhar para as coisas do cotidiano e situações que a vida nos impõe diariamente de forma pessimista ou com otimismo, bem como nosso comportamento e reação diante dessas situações.

Entretanto, quando abordamos o aspecto digital, estamos encarando por meio da ótica tecnológica.

Seria algo como a cultura de uma empresa em sintonia direta com a tomada da tecnologia na manufatura e processos fundamentais. Portanto, o *mindset* digital é a forma como as pessoas que estão em contato permanente com a tecnologia enxergam, processam e definem sua expansão em escala exponencial.

Quando uma empresa conta com pessoas que enxergam a tecnologia como peça indiscutível para a transformação digital, ela, com certeza, se encontra anos, às vezes, décadas à frente da concorrência, e acima de tudo da adaptação daquilo que é o futuro da indústria.

Mas, cuidado ao pensar que o *mindset* está preso apenas ao conceito de tecnologia. Além de abrir as portas e convidar a transformação para entrar, esse conceito é responsável por elevar o nível de competitividade e ampliar os horizontes da inovação.

E você, qual é o seu *mindset*?
Decida agora se o seu *mindset* é mais fixo ou de crescimento progressivo? Seja sincero com você e saiba, querido

leitor, que aqui está o grande segredo do sucesso pleno em sua vida. Vou tentar explicar melhor, as pessoas de mentalidade fixa acreditam que nasceram com uma quantidade de inteligência que nunca irá mudar, e errar, para elas, é algo insuportável. Por acreditarem nisso, elas tendem a se afastar de desafios e experiências novas, com medo de parecerem pessoas menos inteligentes.

Já as pessoas de mentalidade de crescimento progressivo acreditam que sua inteligência melhora cada vez mais pela aprendizagem, e que o caminho do sucesso está nos resultados de seu trabalho e, com esforço, podem melhorar muito a cada dia.

E como ter uma vida melhor?
Muito simples essa resposta: adotando atitudes mentais que levem ao sucesso. Vamos tentar enxergar o mundo dividido com dois tipos de pessoas, aprendizes e não-aprendizes.

Aprendizes são, exatamente, o que os estudos da Carol Dweck nos dizem. Eles têm a capacidade de se superar progressivamente, fazendo das mudanças uma constante e uma realidade.

Já os não-aprendizes acreditam que as coisas são como são, que não faz sentido ou que é muito difícil mudá-las. Mas é aí que eu chamo a sua atenção, pois nós não nascemos assim.

Se você se identificou mais como uma mentalidade de crescimento, parabéns, é muito provável que já tenha uma vida mais resolvida, tenha mais segurança, realizações e conforto, enfim, já tenha sucesso.

Mas, se você se identificou mais com a mentalidade fixa, será que deve jogar a toalha e desistir? Não, você nunca vai precisar desistir, é uma boa notícia da ciência também.

Você é a única pessoa que pode mudar isso, alterando a sua programação mental, o seu *mindset*. Pense comigo, quando bebê, você aprendeu a andar e a falar. Quer mais dificuldade do que essa? Seu *mindset* positivo o levantou a cada tombo e fez persistir em andar, não importando a quantidade de vezes em que você caiu.

Fomos aprendendo até que surpreendemos todos e saímos caminhando, ou seja, aprendemos como fazer certo. Porém, não foi de primeira, concorda?

Você era muito mais curioso do que crente, vivia querendo descobrir as coisas e, por meio das suas experiências, foi ajustando o seu *mindset*.

É comprovado que nossos pais tenham muita influência em nossas crenças. Com isso, nosso *mindset* foi regulado boa parte pensando como eles e não como nós.

***Mindset*, esforço, sorte ou destino? Afinal, qual é o grande segredo das pessoas de sucesso?**

Talvez, a resposta esteja nos quatro itens anteriores, mas reflita comigo:
Sorte não depende de você. Destino também não. *Mindset* e esforço, estes sim só dependem de você!

Então, sabendo que o *mindset* e o esforço são os que podemos dominar e exercer, temos o segredo para chegarmos ao sucesso pleno.

Um grande esforço é primordial para o sucesso, mas não é garantia. E existe uma enorme diferença entre pensar "eu continuo tentando e ainda não consigo" e "por mais que seja difícil, todo esse esforço mostra que estou indo bem". Por mais que o trabalho duro sozinho não garanta seu êxito, se você continuar sempre tentando com afinco, em algum momento, vai alcançar o sucesso. Portanto, é extremamente importante se manter encorajado com seu *mindset* sempre calibrado. Pense nisso e sucesso sempre!

5

Coaching cognitivo-comportamental no desenvolvimento de competências interpessoais de engenheiros

Os engenheiros que estão se destacando na carreira são aqueles que, além das competências técnicas, possuem também competências de relacionamento interpessoal que são exigidas na liderança, trabalho em equipe, gerenciamento de projetos, entre outras atividades. Essas competências podem ser desenvolvidas por meio do *coaching* cognitivo-comportamental no desenvolvimento de competências interpessoais

Claudia Carraro e Marilsa de Sá Rodrigues

Claudia Carraro

Psicóloga, mestre em gestão do desenvolvimento regional, pós-graduada em RH e orientação de carreiras. *Executive coach* pelo Behavioral Coaching Institute (BCI). Proprietária da Carreira & Cia, consultoria especializada em gestão de pessoas e *coaching* para desenvolvimento de lideranças, transição e desenvolvimento de carreiras, desenvolvimento de competências interpessoais em líderes e orientação profissional. Psicoterapeuta cognitivo-comportamental (TCC) e docente de pós-graduação e MBA.

Contatos
www.carreiraecia.com.br
claudia@carreiraecia.com.br

Marilsa de Sá Rodrigues

Psicóloga, mestre e doutora em administração de empresas. Docente na UNITAU, coordenadora da linha de pesquisa em gestão e recursos socioprodutivos. Líder do grupo de pesquisa em planejamento, gestão e desenvolvimento de carreiras em âmbito regional. Atua com consultorias e treinamentos nas seguintes áreas: habilidades sociais, carreira, *coaching*, preparação para aposentadoria e gestão de pessoas. Participa do GT – Relações Interpessoais e Competência Social ANPEPP.

Contato
marilsasarodrigues@outlook.com

O mercado de trabalho tornou-se extremamente competitivo nos últimos anos e as empresas ficaram ainda mais exigentes na hora de contratar engenheiros. Além de conhecimento técnico e experiência na área da engenharia, o mercado tem exigido competências de relacionamento interpessoal como, por exemplo, comunicação assertiva, saber gerenciar conflitos e resolver problemas interpessoais, lidar com pressão, autocontrole emocional, entre outras.

A formação acadêmica em engenharia no Brasil, em geral, privilegia os conhecimentos técnicos, e as disciplinas da área de humanas ocupam posição secundária. Esse direcionamento é necessário se considerarmos a velocidade do desenvolvimento tecnológico. No entanto, a atuação dos profissionais engenheiros tende a seguir dois caminhos na carreira: o de especialista e o mais frequente: gerência.

Enquanto associações trabalham para identificar e corrigir os déficits dos cursos de engenharia, algumas universidades públicas e privadas já investem em treinamento de habilidades sociais para o desenvolvimento interpessoal como disciplina extracurricular, para preparar os alunos ao novo cenário.

Um estudo realizado em uma universidade no interior de São Paulo, com estudantes do último ano da graduação de engenharia da produção, mecatrônica, computação, elétrica e aeronáutica, mostrou que o treino de habilidades sociais oferecido para os alunos, para desenvolvimento interpessoal, trouxe ganhos em habilidades consideradas importantes no mercado de trabalho atual, como a gestão de conflitos, relacionamento e interação direta, indireta, virtual e trabalho em equipe (LOPES, 2017).

Em outra universidade, localizada no Vale do Paraíba Paulista, engenheiros de produção e alunos da pós-graduação passaram pelo treino, e as habilidades trabalhadas foram contato visual, postura corporal, orientação do corpo, volume, entonação, fluência de voz, conteúdo da fala e expressão facial. Os resultados obtidos mostraram que os engenheiros tiveram mudanças positivas nos comportamentos e aumentaram o repertório nas habilidades trabalhadas (GIOVANNI; TADEUCCI; OLIVEIRA, 2010).

Tendo em vista a exigência cada vez maior de competências interpessoais em engenheiros neste novo cenário profissional, o preparo torna-se importante, não só dentro da faculdade, mas também após a graduação, quando eles já estão inseridos no mercado de trabalho. Surge assim, desse modo, a necessidade de novas metodologias, como *coaching* cognitivo-comportamental no desenvolvimento de competências interpessoais em engenheiros.

Coaching **cognitivo-comportamental (CCC)**

O *coaching* cognitivo-comportamental é um processo em que o *coach* apoia o *coachee* na identificação e desbloqueio dos padrões de pensamentos que atrapalham o alcance de suas metas (DIAS; FORTES, 2015).

Na abordagem cognitivo-comportamental, é considerada a interpretação que o *coachee* faz sobre a situação vivenciada, e não a situação em si.

De acordo com Beck (2013), a pessoa pode fazer uma interpretação da situação erroneamente e os pensamentos serem incômodos, mesmo em situações consideradas positivas ou neutras. Nesse caso, os pensamentos são tendenciosos e distorcidos, sendo chamados de erros cognitivos.

Em uma pesquisa realizada com engenheiros, alunos de pós-graduação em engenharia de segurança do trabalho, foram apontados alguns exemplos de erros cognitivos que podem atrapalhar o alcance de suas metas (CARRARO, 2017):

1-Leitura mental/conclusões precipitadas: é quando o engenheiro acha que sabe o que os outros estão pensando sobre ele e, com isso, tira conclusões precipitadas sem ter evidências suficientes.

2-Generalização: acontece quando há uma generalização de todas as situações que acontecem, comparando com um único evento negativo.

3-Pensamento tudo ou nada (dicotômico): é quando o engenheiro pensa em situações em termos extremos, ou é tudo ou é nada, preto ou branco, oito ou 80.

4-Orientação para o remorso: acontece quando o engenheiro fica preso à ideia de que deveria ter se saído melhor no passado, que deveria ter feito algo diferente em vez de tentar fazer o melhor agora.

5-Incapacidade de refutar: ocorre quando o engenheiro insiste em seus pensamentos negativos e exclui qualquer sinal ou alegação que possa contradizê-los.

Resumindo, o *coaching* cognitivo-comportamental é uma metodologia utilizada pelo *coach* para auxiliar o engenheiro no atingimento de suas metas e desenvolvimento de suas competências interpessoais, por meio do desbloqueio de padrões de pensamento que atrapalham o bom desempenho.

Treino de habilidades e competências sociais
Desde a infância, uma pessoa tem a oportunidade de desenvolver habilidades sociais nos relacionamentos com pais, familiares, professores, amigos da escola, entre outros. As habilidades sociais, segundo Del Prette, Dias e Del Prette (2017), são as de comunicação, civilidade, expressão dos sentimentos positivos, assertivas, empáticas, profissionais educativas e automonitoria.

A automonitoria é a capacidade que a pessoa tem de observar, descrever, interpretar e fazer a regulação dos próprios pensamentos, sentimentos e comportamentos quando está interagindo com as demais.

Dentro das classes de habilidades sociais existem as subclasses como, por exemplo, dar e receber *feedback*, elogiar, dizer não, resolver problemas, tomar decisões, mediar conflitos, expressar apoio, entre outras.

As habilidades sociais não são traços de personalidade e, sim, comportamentos que podem ser aprendidos durante a vida. Variam conforme a idade, gênero, nível socioeconômico e posição que a pessoa ocupa na sociedade (Del Prette; Del Prette, 2017).

No ambiente de trabalho, as competências interpessoais são muito importantes para o bom relacionamento dos engenheiros com seus *stakeholders*. Quando o profissional, naturalmente, não aprendeu a ser hábil socialmente, pode aprender por meio de programas de treino de habilidades sociais.

No treino de habilidades sociais são ensinados comportamentos e habilidades por meio de técnicas como instrução, modelagem, *role play*, ensaio comportamental e *feedback*. Trabalha-se também a redução da ansiedade, que aparece em situações sociais por meio de relaxamento. Os erros cognitivos são modificados com aplicação de técnicas psicológicas e ensina-se a pessoa a ter foco na solução de problemas (CABALLO, 2010).

Em suma, a metodologia do *coaching* apresentada neste capítulo faz uso da abordagem teórica, técnicas e ferramentas do *coaching* cognitivo-comportamental e treino de habilidades sociais.

As dez competências sociais profissionais
Realizamos um trabalho de adaptação e testagem da ferramenta

roda das competências sociais profissionais, que foi usada no processo de *coaching* em engenheiros. A roda é composta por dez competências:

1- Identificar e aceitar diferenças individuais: os engenheiros interagem, diariamente, com pessoas de diferentes perfis. Portanto, é importante saber identificar e, principalmente, aceitar as diferenças individuais, para que o ambiente fique agradável e o trabalho seja produtivo.

2- Dar e receber feedback: o *feedback* é uma habilidade social de comunicação, que os engenheiros utilizam para fornecer às pessoas, com as quais convivem, informações no presente sobre o comportamento passado que têm como objetivo modificar o comportamento futuro.

3- Relacionar-se interpessoalmente: os engenheiros precisam relacionar-se interpessoalmente na família, escola, amigos e local de trabalho. A qualidade nessas relações é considerada um fator que determina a qualidade de vida e o bem-estar mental.

4- Fazer e recusar pedidos (dizer não): essa habilidade se manifesta quando os engenheiros conseguem pedir o que querem sem violar o direito dos outros, assim como serem capazes de dizer não a pedidos abusivos e não se sentirem mal com isso.

5- Assertividade: o engenheiro tem um comportamento assertivo quando consegue expressar seus sentimentos, direitos e opiniões sem violar o direito das outras pessoas. Ao ser assertivo, há mais chances de alcance dos objetivos nas relações, pois as outras pessoas não se sentem violadas em seus direitos.

6- Autocontrole da raiva e agressividade: ter autocontrole é saber fazer a autogestão das emoções. A raiva se manifesta quando aparece um sentimento de desconforto ao receber alguma ofensa, rejeição e provocação, e a agressividade acontece quando, em uma relação ou conversa, um receptor sente-se ferido ou ofendido.

7- Manejar conflitos e resolução de problemas interpessoais: dê um problema técnico para um engenheiro e ele não estará satisfeito enquanto não resolvê-lo. Desde a graduação, aprendem a resolver problemas, porém, aqui estamos falando da habilidade em resolução de conflitos e questões interpessoais. Os engenheiros que possuem essa competência coordenam melhor a equipe e convivem melhor com as pessoas.

8- Tomada de decisão: tomar decisão está, diretamente, ligado à resolução de problemas. Para tomar decisão, que envolva pessoas, é exigido dos engenheiros um conjunto de habilidades sociais como, por exemplo, capacidade de envolver todos os membros da equipe, valorizar a participação de cada um, saber fazer perguntas e acompanhar o que foi decidido.

9- **Empatia**: a empatia é a capacidade de compreender e sentir o que os outros estão pensando ou sentindo, colocar-se no lugar do outro e reconhecer seus sentimentos, compartilhando as emoções, mantendo o autocontrole emocional.

10- **Manter o bom humor em diferentes situações**: uma das principais competências exigidas dos profissionais do século 21 é a criatividade, sendo o bom humor uma característica importante para tornar o profissional mais ativo e criativo nas empresas.

Coaching para engenheiros

Em nossa prática profissional, tanto em sala de aula quanto em consultoria, nos deparamos com engenheiros que buscam o desenvolvimento de suas habilidades interpessoais, para o atingimento da excelência profissional. Eles procuram desenvolver essas habilidades tanto para a alavancagem na carreira quanto para serem líderes melhores.

Assim, depois de muita pesquisa, estudo e aplicação prática, surgiu o programa de *coaching* cognitivo-comportamental no desenvolvimento de habilidades interpessoais, que é uma metodologia de *coaching* com base nas abordagens psicológicas cognitivo-comportamentais e no treino de habilidades sociais profissionais.

Estrutura do programa de *coaching* cognitivo-comportamental no desenvolvimento de competências interpessoais

O programa pode ser realizado em grupo ou individualmente e possui cinco etapas:

ETAPAS	ATIVIDADES
1- Início	*Coaching education*, estabelecimento da meta do processo.
2- Autoconhecimento	Aplicação da roda das competências sociais profissionais, *assessments* e devolutivas.
3 - Coaching	Formulação do caso, identificação e remoção de bloqueios psicológicos e reestruturação cognitiva.
4- Treino de habilidades	Desenvolvimento das habilidades e competências interpessoais.
5- Fechamento	Reaplicação da roda das competências sociais profissionais, autoavaliação da percepção de melhoria, plano de ação para próximos passos e devolutiva do processo.

Este programa foi considerado inovador devido à introdução de ferramentas de *coaching* cognitivo-comportamental no treino de habilidades sociais profissionais para o desenvolvimento de competências interpessoais.

Concluindo, o programa mostra-se uma alternativa para auxiliar os engenheiros no alcance de seus objetivos de desenvolvimento de carreira e de liderança.

Referências

BECK, J. S. *Terapia cognitivo-comportamental: teoria e prática.* Porto Alegre: Artmed, 2013.

CABALLO, V. E. *Manual de avaliação e treinamento das habilidades sociais.* 3° ed. São Paulo: Editora Santos, 2010.

CARRARO, C.R. *Ferramentas de coaching cognitivo-comportamental no desenvolvimento de habilidades e competências sociais profissionais: uma análise comparativa*, 120f. Dissertação (Mestrado em Gestão e Desenvolvimento Regional). Universidade de Taubaté, Taubaté, 2017.

DEL PRETTE, Z.A. P; DEL PRETTE, A (org). *Habilidades sociais e competência social: para uma vida melhor.* São Carlos: EduFSCar, 2017.

DEL PRETTE, Z.A.P; DIAS, T.P; DEL PRETTE, A. *Classes de habilidades sociais e processos de aprendizagem e ensino.* In: DEL PRETTE, Z.A. P; DEL PRETTE, A. *Habilidades sociais e competência social: para uma vida melhor.* São Carlos: EduFSCar, 2017. Cap.2, pp. 25-35.

DIAS, G. P; FORTES, C. P. D. D. *Coaching cognitivo-comportamental: desenvolvimento humano com base em evidências e com foco em solução.* Rio de Janeiro: Ed. Cognitiva, 2015.

GIOVANNI, M. K; TADEUCCI, M. S. R; OLIVEIRA, E. A. A. Q. *Procedimentos e efeitos de treinamentos de habilidades sociais para engenheiros: relato de um grupo.* In: Encontro nacional de engenharia de produção, 30.2010, São Carlos. Anais eletrônicos... São Carlos, 2010 do. 30, 1-14. São Carlos, SP, Brasil.

LOPES, Daniele Carolina et al. *Treinamento de habilidades sociais: Avaliação de um programa de desenvolvimento interpessoal profissional para universitários de ciências exatas.* Interação em Psicologia, Curitiba, v. 21, n. 1, jul. 2017. ISSN 1981-8076.

6

Carreiras de impacto

É possível trabalhar com o que ama, obter crescimento pessoal, profissional e financeiro? Neste capítulo, você será convidado a gerar uma disrupção de pensamento e quebra de paradigmas sobre o tema: carreiras. Meu objetivo é disseminar o conceito de carreiras de impacto e mostrar como você pode, por meio do seu trabalho, alcançar o equilíbrio e ser um agente de mudanças positivas no mundo

Danielle Fausto

Danielle Fausto

Coach certificada pela SBC Coaching (2013). *Practitioner* em Programação Neurolinguística pela OTP (2014). *Trainer* e analista comportamental, especialista em gestão empresarial (2009) e bacharel em administração (2008) pela UFPR – Universidade Federal do Paraná. Cocriadora e *coach* no programa Jovens Profissionais do Desenvolvimento pela Sociedade Global (2012). Autora do *e-book Encontre seu propósito de vida*, e da metodologia *purpose canvas*. Premiada em gestão de pessoas pelo HSBC Bank Brasil (2015). Convidada a participar do programa Young Leaders of the Americas Initiative (2016), iniciativa do ex-presidente Barack Obama para jovens líderes da América Latina e Caribe. Indicada (2017) pela Obama Foundation, para compor a *roundtable*, presidida pelo próprio presidente, para líderes com iniciativas de impacto social. Foi finalista do prêmio Empreendedora Curitibana (2017) e reconhecida pelo prêmio Excelência Mulher (2018) pela CIESP SUL SP e pela Aliança Aca – Laurência.

Contatos
www.daniellefaustocoaching.com.br
contato@daniellefaustocoaching.com.br
Facebook: Danielle Fausto Coaching
Instagram: danifaustocoaching
LinkedIn: Danielle Fausto
(41) 98455-6672

> "Escolha um trabalho que você ama e não terá de trabalhar um único dia da sua vida."
>
> Confúcio

Estamos vivendo uma transformação sem precedentes na história da humanidade. Novas economias, novos modelos de negócios, tecnologias, diversidades intelectuais, culturais e geracionais têm contribuído para mudanças no mercado de trabalho e na forma como as carreiras são construídas. Se você ainda não está acompanhando essas mudanças, o convido a pesquisar sobre a revolução 4.0, geração dos *millennials*, sobre a economia do propósito, economia criativa e compartilhada, capitalismo consciente e sobre o sistema de empresas B.

Podemos considerar que essas interferências têm provocado reflexões constantes sobre a forma como construímos nossas carreiras, como nos relacionamos no mercado de trabalho e sobre o propósito da nossa existência.

As gerações anteriores à geração dos *millennials* foram condicionadas a construir suas carreiras dentro de um conceito de sucesso e prestígio profissional regido por um padrão social fundamentado no ambiente externo. As escolhas profissionais, geralmente, eram realizadas de acordo com o status da profissão e também pelas possibilidades de crescimento financeiro. Eu costumo dizer que, em sua grande maioria, as carreiras convencionais foram construídas com base no atendimento das necessidades do ego, e não de fato na essência do ser humano. Isso provocou um efeito massivo de insatisfação no ambiente de trabalho, acúmulo de estresse, falta de equilíbrio e, ainda, a infelicidade.

As novas gerações, denominadas *millennials*, que nasceram nesse período de transição da era da informação para a era da convergência de tecnologias digitais, físicas e biológicas, trouxeram consigo um legado fundamental para que a humanidade pudesse despertar para a forma como vem construindo suas carreiras profissionais. Essa nova geração, que está aos poucos ingressando no mercado de trabalho, vem questionando sobre o propósito e a coesão entre o ser e o fazer. Identificar o propósito de uma tarefa, o porquê uma empresa e os seus processos existem têm feito parte do dia a dia profissional e da busca desses profissionais por mais sentido no ambiente do trabalho e equilíbrio na vida pessoal e profissional.

Se passamos grande parte de nossas vidas trabalhando, por que continuar fazendo algo que não possui sentido e não contribui para um propósito maior? Por que precisamos continuar colocando energia e tempo em tarefas que não fazem sentido e não trazem uma sensação de prazer e felicidade? Por que trabalhar em uma empresa que não contribui para o bem comum e não apresenta processos sustentáveis? São apenas alguns dos questionamentos que essas novas gerações têm trazido para o dia a dia do trabalho.

Uma carreira de impacto é, portanto, uma jornada profissional em que é possível exercer a sua paixão, gerando mudanças positivas, evolução e crescimento para si e para os outros envolvidos, por meio de um propósito. Nota-se que três elementos caracterizam uma carreira de impacto: paixão, ascensão e propósito. Além disso, uma carreira de impacto não tem o fim no profissional e, sim, no impacto positivo e na sustentabilidade gerada durante o processo de vivência e construção dessa carreira.

A combinação desses três elementos, representada pelo símbolo do infinito da figura a seguir, conecta a paixão com a possibilidade de ascensão por meio de um estado de fluxo em que o elo é o próprio propósito pessoal do profissional.

Nota-se que, diferentemente das estruturas convencionais em que a carreira preenche lacunas na horizontal ou na vertical de uma organização, o processo de carreira de impacto é representado pelo símbolo do infinito, pela abundância e não limitação das possibilidades e oportunidades.

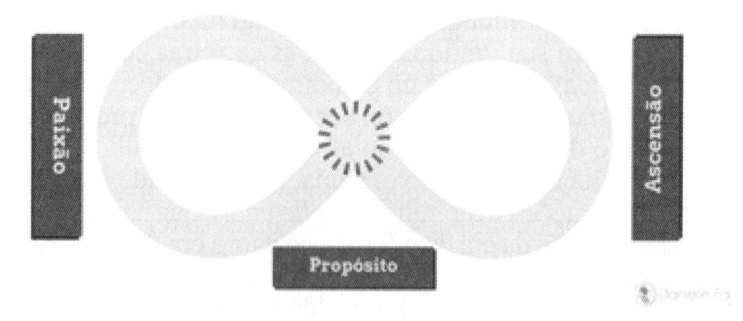

Para compreender melhor o que é uma carreira de impacto, convido você a se aprofundar um pouco no conceito de cada um dos elementos desta tríade:

Paixão - em uma carreira de impacto, a paixão representa as atividades relacionadas à felicidade e ao prazer. São atividades que fluem de forma natural quando são executadas e despertam o interesse genuíno do profissional. Isso não significa que você realizará durante a sua carreira apenas atividades pelo qual é apaixonado, e que não existirão obstáculos durante esse caminho. A paixão o fará sentir-se atraído por desafios que o tiram da zona de conforto e que promovem evolução e desenvolvimento.

Quando sentimos prazer ao realizar uma determinada atividade, somos preenchidos por hormônios que promovem o bem-estar e nos tornam ainda mais produtivos e dispostos. Trabalhar com paixão promove uma vida profissional e uma carreira com mais equilíbrio de vida, produtividade e satisfação pessoal.

Apesar da paixão e a felicidade terem sido ignoradas durante muito tempo no ambiente do trabalho, elas são essenciais para que uma atividade seja realizada com fluidez, produtividade e com o uso pleno dos seus talentos.

Ascensão - representa todo o crescimento e a evolução que envolvem o processo de construção da sua carreira. Em uma carreira de impacto, está relacionada com os aspectos intelectuais, emocionais, técnicos, financeiros, de atividades e também de reconhecimento. A ascensão em uma carreira de impacto é entendida e valorizada como uma consequência e não como um objetivo de escolha profissional. Ela flui naturalmente quando o profissional está vivendo a sua essência, seus valores e talentos de forma genuína e com paixão.

Propósito - é tudo aquilo que representa a razão e o motivo da existência. Entender o propósito pessoal de vida é fundamental para uma carreira de impacto, pois esse é o elo que une a paixão e a ascensão de uma carreira. O propósito traz fluidez e coloca o profissional no fluxo da abundância. Ele representa a busca por um sentido, pela coerência da vida pessoal e profissional e também pelo serviço. No meu *e-book Encontre o seu propósito de vida*, revelo que o propósito primordial é "ser", em essência, e o propósito secundário é dar uma utilidade para o "ser".

Engana-se quem acredita que o propósito tem a finalidade em si mesmo e exclui as outras pessoas com as quais se relaciona e interage. Portanto, descobrir o propósito é também descobrir a sua utilidade enquanto pessoa e profissional.

"Propósito é a sensação de que somos parte de algo
maior que nós mesmos, que somos necessários e
que temos algo melhor a frente para trabalhar."
Mark Zuckerberg

Uma carreira de impacto, portanto, convida o profissional a pensar e a repensar no seu legado, na sua identidade e na contribuição que o mesmo poderá trazer durante sua jornada profissional, para si, para os outros e para a sociedade.

Diferentemente do que algumas pessoas possam pensar, uma carreira de impacto não é exclusiva para aqueles que desejam atuar no terceiro setor, com atividades voluntárias ou organizações que não visam ao lucro. Muito pelo contrário, é possível construir uma jornada profissional de impacto positivo tendo prosperidade e crescimento financeiro também. A grande diferença é que esse não é o fim e, sim, a consequência das escolhas profissionais de sua carreira.

Durante muito tempo na minha jornada profissional, eu acreditei que trabalhar com o que se ama e ter crescimento financeiro, pessoal e profissional eram opções excludentes. Foi a partir da reconexão com meu propósito, que pude perceber que, sim, era possível viver uma carreira com mais sentido, ter crescimento, ser feliz e ainda contribuir para a sociedade. Foi quando eu decidi viver uma carreira com base no meu propósito, que comecei a gerar impacto e a vivenciar as experiências profissionais mais incríveis da minha carreira.

Por ter experimentado cerca de 11 anos o modelo de carreira convencional e cerca de sete anos uma carreira de impacto, identifiquei algumas questões cruciais que diferenciam estes dois modelos de jornada profissional.

1. Estruturas prontas X criação da própria jornada: uma carreira convencional é construída de acordo com a estrutura de cargos/ níveis de uma organização já preestabelecidos. Geralmente, a empresa já possui uma estrutura de carreira na qual o colaborador almeja seu crescimento. Em contrapartida, uma carreira de impacto é construída e criada de acordo com os valores pessoais do próprio profissional, independentemente de estrutura, mas, sim, de uma sequência de escolhas conscientes e congruentes com o propósito e a sua identidade.

2. Conceito de sucesso: dentro de uma carreira convencional, o conceito de sucesso também é preestabelecido. Geralmente, tem sucesso aquele profissional que possui um cargo de status e com uma boa remuneração. Nas carreiras de impacto, o conceito de sucesso é muito peculiar de cada profissional, mas, geralmente, existe uma atenção maior para a satisfação, qualidade de vida, crescimento e bem-estar de todos. Nas carreiras de impacto a jornada é tão importante quanto a conquista.

> "Sucesso não é sobre quanto dinheiro você ganha, mas a diferença que você faz na vida das pessoas."
> Michelle Obama

3. **Ego X essência:** considero essa uma das mais significativas diferenças entre os dois tipos de carreiras. Nas carreiras convencionais, geralmente, a carreira é construída de fora para dentro. Ou seja, nossas referências são a respeito daquilo que o outro deseja e entende como adequado para nosso perfil, o que faz com que suas escolhas sejam, exclusivamente, para atender o "ego". Já na carreira de impacto, a jornada profissional é construída a partir da sua essência para entregar algo para o ambiente externo. Em uma carreira de impacto, você apenas exprime com autenticidade sua essência, não há necessidades de rótulos.

4. **Escassez x abundância:** as estruturas de carreiras convencionais são, infelizmente, construídas com base na lógica da escassez. As estruturas são delimitadas e existe muita concorrência para que a pessoa alcance uma determinada oportunidade. A competitividade é muito presente nesse meio, já que as opções de cargos/ posições são escassas. Nas carreiras de impacto há a valorização do profissional, independentemente da estrutura. A base é a abundância, a cooperação e a coletividade para que todos possam expressar suas habilidades em prol de uma determinada entrega.

Pode estar passando pela sua mente: por que uma carreira de impacto é importante? Imagine se todas as pessoas do planeta atuassem profissionalmente com o que amam, e ainda pudessem contribuir com as necessidades e demandas do mundo? Já pensou se utilizássemos nossos talentos para solucionar problemas locais da nossa comunidade, sociedade ou ainda problemas globais? Já imaginou se empresas parassem de criar demandas, produtos e serviços desnecessários, e focassem seus talentos na solução de demandas reais que agregassem valor a todos envolvidos no processo?

Pode parecer utópico em alguns momentos, mas a tendência global de desenvolvimento do mundo tem convergido para o bem comum, para os negócios sustentáveis, para a colaboração, para o trabalho com significado e propósito, e para as escolhas mais conscientes de vida e de carreira. Afinal, a humanidade e o trabalho têm sua origem na coletividade.

Talvez, o conceito de carreiras de impacto tenha feito sentido para você, e algumas perguntas e dúvidas devem estar preenchendo a sua mente. Por isso, quero compartilhar como você, em poucas semanas, pode dar início a essa transição de uma carreira convencional para uma carreira de impacto.

Semana 1: perceba o seu ambiente atual de trabalho e busque identificar o que contribui e o que o impede de viver a sua identidade e essência.

Semana 2: identifique seus valores, suas características e como eles, juntos, podem solucionar demandas e contribuir para processos, pessoas e empresas.

Semana 3: descreva com o maior número de detalhes como seria uma carreira profissional ideal e de que forma ela seria relevante para você e para os outros.

Semana 4: reflita sobre o seu legado, seu propósito e o que o impede de viver uma carreira de impacto.

Semana 5: doe o seu tempo e busque implementar tudo isso que você identificou, independentemente de uma remuneração inicial.

Semana 6: amplie seus horizontes, compartilhe seu propósito, perceba como você se sente em relação a tudo o que está vivendo.

Semana 7: defina um plano de ação, com o passo a passo de como você pode realizar a sua transição de carreira.

Semana 8: crie coragem e dê o seu primeiro passo em direção a sua carreira de impacto.

O meu desejo é que essas reflexões possam gerar *insights* produtivos sobre o real sentido do trabalho e da sua carreira profissional. Que você comece, hoje mesmo, a construir uma carreira de impacto.

7

Desenvolvendo líderes transformadores

Desenvolver líderes tem sido um grande desafio e este artigo propõe uma metodologia de quatro passos para capacitar líderes transformadores. Esse método permite desenvolver o verdadeiro potencial de um líder que se transforma e transforma a sua realidade, gerando um impacto positivo em si, nas pessoas e na empresa

Deise Marcieli Steffens

Deise Marcieli Steffens

Especialista em desenvolvimento humano e Diretora da D´Marci Desenvolvimento Humano, fundada em 2010. Profissional formada em Psicologia pela UNISINOS, MBA em Gestão Estratégica de Pessoas pela Fundação Getulio Vargas - FGV Decision, Pós-graduada em Terapia de Família e Casal pela UNISINOS, *Business and Executive Coach* certificada pelo IBC - Instituto Brasileiro de Coaching. Possui experiência de mais de sete anos na área de Gestão de Pessoas, atuando em recrutamento e seleção, treinamento e desenvolvimento de equipes e líderes, avaliação psicológica e avaliação comportamental.

Contatos
www.dmarci.com.br
deise@dmarci.com.br / deisemarcieli@gmail.com
Facebook: D'Marci Desenvolvimento Humano

Desenvolver líderes tem sido um grande desafio para as empresas. Cada vez mais as organizações se dão conta do papel que um líder exerce no bom funcionamento e sucesso do negócio. Para atuar no mercado competitivo em que vivemos, a habilidade humana é um diferencial necessário e estratégico, mas como preparar esses líderes de forma assertiva e para que gerem resultados concretos e efetivos? Considerando esse contexto de constantes mudanças do meio em que as empresas estão inseridas, este artigo propõe um método de desenvolvimento de líderes por meio do *coaching*. Com sua metodologia focada no aprendizado e desenvolvimento, é possível potencializar as competências de liderança em pessoas que se dedicam ao processo com vontade, foco, disciplina e engajamento.

Acredita-se muito em empresas que buscam identificar e desenvolver líderes dentro da própria organização. O crescimento profissional está no objetivo de vida e no planejamento de muitas pessoas. Alinhar a necessidade da empresa e o desejo do colaborador é um desafio instigante e com resultados que satisfazem a ambos.

Tem-se visto muitas pessoas com um grande desejo de assumir cargos de liderança. Quando "o olho brilha", se percebe disponibilidade e interesse de assumir novos desafios, momento em que se percebe, também, que há um campo fértil para que surja um líder. Goldsmith, renomado *coach* de executivos, observa que o esforço do *coachee* significa mais do que as ideias brilhantes do *coach*. Com isso, retrata a importância da motivação para atingir resultados satisfatórios nos processos de *coaching*. Mas, o desejo é somente o começo de uma longa jornada de desenvolvimento pessoal e profissional.

O líder transformador

Por meio do *coaching*, o desenvolvimento de líderes é um processo construído de forma estruturada e assertiva, com base em uma metodologia que potencialize as competências, promovendo os resultados desejados. O grande diferencial desse formato de desenvolvimento é a customização, em que cada processo é pensado e direcionado à real necessidade do líder, respeitando sempre sua individualidade e seu potencial.

O *coaching* é um processo que se molda ao *coachee* (pessoa que passa pelo processo de *coaching*). O desenvolvimento ocorre quando o trabalho é direcionado à real necessidade da pessoa, que pode compartilhar o que observa e que sentimentos se manifestam nas suas ações do dia a dia. Pode-se buscar um determinado perfil de líder, mas cada pessoa terá suas competências individuais que farão a diferença no seu espaço de trabalho. Nesse formato, há um maior engajamento e um equilíbrio entre o desejo do *coachee* em se tornar líder e a real necessidade da empresa.

Essa metodologia permite ao *coachee* vislumbrar novos conceitos, novas reflexões e opiniões em busca de um resultado concreto. O objetivo é aumentar a sua capacidade de ação num espaço que permita e potencialize o aprendizado e o desenvolvimento. O que somente ocorre quando há comprometimento, disciplina e, principalmente, o desejo da mudança comportamental.

O mundo corporativo exige que o profissional esteja em constante aprendizado e desenvolvimento, o que também é um dos objetivos do *coaching*, competindo ao *coachee* ser o agente transformador. Na verdade, ele passa por um processo de reflexão para levar uma nova filosofia a sua vida. Passando a internalizar a vivência, buscará ser uma pessoa que faz a diferença nos locais em que atua e com as pessoas que interage.

O método personalizado em quatro passos

Para capacitar esse líder, uma metodologia que desenvolve a liderança transformadora por meio de quatro passos é proposta. Cada um acontece observando a necessidade e interesse do *coachee* e da empresa, para isso, o líder, primeiramente, se desenvolve para então desenvolver a equipe e a organização. O método acontece nas seguintes etapas:

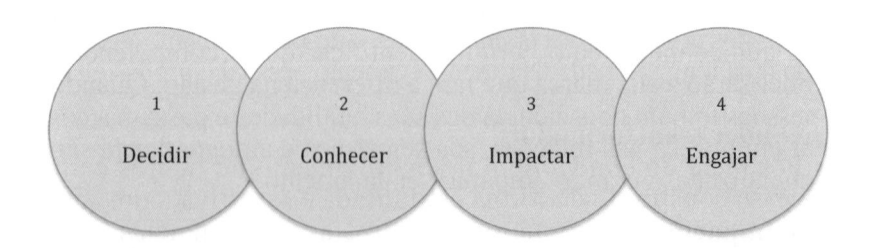

| 1 Decidir | 2 Conhecer | 3 Impactar | 4 Engajar |

1- Decidir

Liderar é uma jornada com voltas e reviravoltas imprevisíveis, como nos diz Chopra (2011). Estar preparado e consciente da responsabilidade e do dinamismo da liderança é fundamental. Na capacitação de um líder, aponta-se a importância de se colocar como protagonista da própria história e assumir a responsabilidade pelos resultados presentes e futuros. Você quer ser líder? Está motivado para dedicar-se e querer mudar o seu comportamento? Nessa primeira etapa, o objetivo é que o *coachee* reflita sobre o que realmente quer e onde quer chegar. O desenvolvimento ocorre quando perceber que a responsabilidade pela mudança de comportamento é dele, estando disposto a manter o foco, ter convicção, disciplina e total engajamento.

2- Conhecer

O autoconhecimento é a base na formação de um líder, na medida em que necessita manter um equilíbrio interior para lidar da melhor forma com diferentes situações e pessoas. O domínio da liderança vem com o domínio de si (Cavalcanti, 2009, p.131). Como alguém poderá conduzir a vida de outras pessoas se não sabe conduzir a sua? Como conduzir sua própria vida se não sabe quem é na sua essência?

Por meio de uma reflexão verdadeira sobre quem é de verdade, com todas as suas qualidades e limitações, nasce um líder que se transforma e que consegue transformar os que estão ao seu redor.

Qualquer desejo de mudança comportamental, sem o autoconhecimento, é andar no escuro. Aspectos extremamente relevantes e necessários poderão estar sendo minimizados ou desconhecidos.

Segundo Carl Rogers, o ser humano é mais eficaz quando se ouve e se aceita. Quando atua utilizando os recursos internos, respeita-se quem se é de verdade, havendo grandes chances de ter resultados positivos. Diversas vezes são buscadas as respostas em outros meios ou pessoas e não há confiança no próprio potencial. Quando o autoconhecimento é trabalhado, se passa a buscar as respostas em si, acreditando nas potencialidades e transpondo os desafios no dia a dia, o que repercute, diretamente, nas ações de liderança.

O autoconhecimento permite identificar quais competências do líder serão a sua marca que fará a diferença na gestão. Quando as pessoas tomam consciência das suas qualidades e passam a colocar em prática nas relações, sua segurança e autoconfiança são potencializadas gerando empatia e engajamento.

3- Impactar

Ser um líder transformador é uma questão de propósito, de fazer diferença na vida das pessoas, não se limitando ao cargo. Alguns diferenciais na sua atuação são importantes e serão trabalhados nesta etapa do desenvolvimento:

- Conhece cada um de sua equipe, suas limitações e potencialidades;
- Assume a responsabilidade pelo crescimento e desenvolvimento dos mesmos;
- Acredita na diversidade, explorando o que há de melhor em cada um na sua equipe;
- Estabelece metas e objetivos, fazendo com que a equipe construa, em conjunto, a melhor forma de chegar ao resultado desejado, oferecendo orientação de forma prática e constante.

Participando de uma convenção sobre liderança e inteligência emocional, Will Linssen destaca sobre o impacto que os líderes causam nas pessoas. Observando líderes de sucesso percebe-se que iniciaram sua carreira com paixão, valores, caráter e dedicação a um objetivo. Existe o envolvimento emocional com o que se deseja. Quando há um propósito e ele está claro para a pessoa, torna-se a base de tudo o que ela faz.

4- Engajar
Na última etapa do programa, não menos importante, o líder se prepara para acreditar no seu potencial e formar novos líderes, permitindo o crescimento das pessoas e da organização.

Anteriormente, o líder usava do seu poder para que as pessoas fizessem o seu trabalho. Hoje, é papel do líder motivar e estimular o crescimento da sua equipe, para que atuem de forma madura. Segundo Di Stéfano (2017), essa maturidade somente é possível quando o desenvolvimento ocorre de forma contínua na equipe e as pessoas têm a capacidade de liderança mais expandida.

Criar novos líderes na equipe é um desafio e tanto para o líder. O que muitas pessoas não percebem é que, para que isso ocorra, deve haver humildade. A humildade é um dos pilares que sustentam o trabalho de um líder transformador. Ela será o diferencial de uma liderança assertiva e que gera impacto positivo na sua vida pessoal e na vida de seus colaboradores, trazendo o resultado desejado e almejado pelas empresas.

É maravilhoso o que a humildade proporciona quando o líder está aberto à opinião dos outros, admite erros e valoriza a necessidade de cada pessoa. Esse líder passa a ser inspirador, atendendo as necessidades de sua equipe e elevando o potencial de cada um e o potencial do grupo. Segundo Chopra (2011), esse poder inspirador vem do próprio líder, de sua alma e não de outras pessoas.

Com isso, o líder abre espaço para construir os resultados com as pessoas e não tem medo de abrir caminho para que outros possam crescer e se desenvolver.

Conclusão

A metodologia apresentada permite desenvolver o verdadeiro potencial de um líder que se transforma e transforma a sua realidade, gerando um impacto positivo em si, nas pessoas e na empresa.

Diversas vezes, se observa pessoas sendo promovidas nas empresas para assumir cargos de liderança pelo seu conhecimento técnico, sem considerar o potencial comportamental. Nos cargos de liderança o conhecimento técnico é necessário, mas o mais importante é o relacionamento interpessoal e a capacidade de potencializar a equipe para atingir os resultados.

Essa liderança transformadora torna-se um diferencial na vida dos líderes e das organizações. Quando a empresa tem um líder de alta *performance*, que atinge os resultados almejados, respeitando o desenvolvimento pessoal e profissional dos colaboradores, o sucesso é compartilhado.

Há muita literatura relacionada ao tema liderança e, também, muitas opiniões acerca da melhor forma de liderar. Com estudos e experiência com formação de líderes, percebe-se, cada vez mais, a importância de não se ter um programa padrão de desenvolvimento. É necessário, sim, ter o embasamento teórico, mas respeitar a individualidade, a potencialidade do *coachee* e a necessidade da empresa é fundamental.

Para atingir o resultado esperado pela empresa, e pelo próprio líder, cada processo de desenvolvimento deve ser construído a partir da alma e do propósito de ambos: líder e empresa. Com certeza, isso trará o melhor resultado.

Referências

ABDALLAH, Ariane. *Como identificar um líder coach*. Disponível em: <https://epocanegocios.globo.com/Inspiracao/Carreira/noticia/2013/09/como-identificar-um-lider-coach.html>. Acesso em: 18 de ago. de 2018.

CARPILOVSKY, Marcelo Pomeraniec; CAVALCANTI, Vera Lucia dos Santos; LAGO, Regina Arezynska; LUND, Myrian Layr Monteiro Pereira. *Liderança e motivação*. 3.ed. Rio de Janeiro: Editora FGV, 2009.

CHOPRA, Deepak. *A alma da liderança: desvendando seu potencial para a grandeza*. Tradução de Rosana Watson. Rio de Janeiro: Rocco, 2011.

DI STÉFANO, Rhandy. *O líder coach: líderes criando líderes*. Rio de Janeiro: Editora QualityMark, 2017.

GOLDSMITH, Marshall. *Coaching para mudança comportamental*. Disponível em:<http://www.marshallgoldsmith.com/docs/Portuguese/MG_Coaching-para-MudancaComportamental.pdf >. Acesso em: 30 de jun. de 2018.

8

É possível trabalhar e (ainda) ser feliz?

Conforme o Instituto Gallup, 63% dos empregados do mundo todo não têm motivação para trabalhar e 24% estão infelizes e improdutivos. Então, como ser feliz e engajado no trabalho? Pesquisadores de felicidade e produtividade afirmam que profissionais que exploram suas potencialidades são mais felizes, engajam e produzem melhores resultados

Élida Fagundes

Élida Fagundes

Coach certificada pelo ICI – Integrated Coaching Institute e SBC – Sociedade Brasileira de Coaching. Comunicação não violenta pela Nazaré Uniluz, há seis anos desenvolve pessoas. *Leader coach* e analista dos assessments DISC e SIX SECONDS. Facilitadora certificada pela Blutortoise (UK) e The Performance Coach (UK), fez projetos em grandes empresas como Diageo Brasil, Oncoprod, Brisanet, Honda, Siemens, Terumo, Aon, entre outras. Especialista emocional certificada pela SBIE – Sociedade Brasileira de Inteligência Emocional. Voluntária em programas de desenvolvimento de pessoas e profissional nas ONG's Naia e Moinho. Coautora do livro *Coaching: aceleração de resultados* e palestrante do COLIDE, com mais de mil horas de prática de *coaching*. Além disso, é mestre em administração e negócios pela PUC/RS, e possui uma sólida carreira corporativa desenvolvida nas empresas GE Healthcare, Eli Lilly do Brasil, Janssen & Cilag, Ticket e Citibank.

Contatos
elida@ativar1998.com.br
LinkedIn: Élida Fagundes
(11) 5042-1998

Sim, é possível trabalhar e ser feliz. Tudo depende de você. Somente você sabe até que ponto é feliz e, por isso, para entender a felicidade é preciso olhar como se autoavalia (ACHOR, 2010). Contudo, para alguém se autoavaliar é preciso se conhecer, saber o que faz bem, confiando nos seus próprios padrões internos (LYUBOMIRSKY, 2013). O autoconhecimento é inerente à felicidade e o caminho para tal passa por elaboradas indagações e profundas reflexões acerca da personalidade e características pessoais. Isso acontece ao navegar pelos pontos fortes (talentos e habilidades), valores e forças de caráter, pois, conforme cita Ben-Shahar, todos esses temas estão a serviço da felicidade. O autor cita que, mais importante do que conhecer os pontos fortes, é saber valorizá-los, e Achor (2010) diz que conhecê-los e usá-los permite uma vivência positiva e feliz. E como saber o quanto está feliz?

No livro *Felicidade autêntica*, Seligman mostra duas escalas de testes de felicidade, uma criada por Fordyce, para testar a felicidade momentânea, e outra criada por Lyubomirsky, para testar o nível geral de felicidade. Assim, se a felicidade pode ser medida, é porque pode ser aumentada ou diminuída. É sabido que, quanto mais a pessoa usa as suas forças pessoais para promover a bondade, a influência e o conhecimento, mais significativa é a sua vida. Lyubomirsky diz que a felicidade está na pessoa, e 40% do que faz uma pessoa feliz diz respeito ao que ela faz com o que acontece na sua vida e não com o que a vida faz com ela. Isso quer dizer que ser protagonista na sua vida, e enfrentá-la de forma positiva, a torna mais feliz.

A felicidade é a experiência de emoções positivas ligadas ao passado, ao presente ou ao futuro, e o prazer é combinado com envolvimento e um profundo senso de propósito (SELIGMAN, 2009). A relação entre felicidade e sucesso foi estudada por Achor, que concluiu que quanto mais feliz e positiva a pessoa é, melhor também é seu desempenho e sucesso. Ele desconstrói o conceito passado de que o sucesso leva à felicidade, afirmando que é a felicidade que leva ao sucesso. Ben-Shahar (2018) corrobora esse conceito, quando diz que dinheiro e *status* são apenas sopros de alegria. Krznaric (2012) cita que escolhas apoiadas nos motivadores intrínsecos (fazer a diferença, seguir as paixões e usar os talentos), em detrimento dos motivadores extrínsecos (ganhar dinheiro e alcançar status), tendem a levar à realização e satisfação. Assim é a felicidade que leva à dedicação e à direção pretendida para produzir maior sucesso na vida.

De acordo com Achor (2010), a forma como a pessoa vê o mundo é que molda a realidade, e 90% da felicidade se dá pela forma como o cérebro processa o mundo e não pelo mundo em si. De acordo com autor, 75% do sucesso profissional de um indivíduo está relacionado ao otimismo (capacidade de ver oportunidades na dificuldade), aos relacionamentos e à forma positiva de encarar o estresse. Assim, para processar o mundo profissional e viver uma carreira feliz, Krznaric (2012) diz que é importante que a pessoa tenha, no trabalho, a oportunidade de usar os seus talentos, praticar os seus valores (sentido), executar atividades confortantes e de envolvimento intenso (fluxo) e sentir-se livre. Ou seja, um trabalho que atenda a quem a pessoa é e a quem ela quer ser.

Morin (2018) reforça dizendo que a pessoa que executa as tarefas explorando os valores, talentos e competências pessoais tem mais sentido no trabalho, e isso leva ao prazer e à realização. Ou seja, para ser feliz no trabalho é fundamental fazer o que faz bem e o que gosta. E basta fazer o que gosta e o que faz bem para ser realizado e satisfeito profissionalmente? Segundo Achor (2010), não. Para ele, é muito mais importante encontrar os aspectos significativos no trabalho.

É preciso tempo, coragem e dedicação. Aprofundar-se em si, desenvolver a autoconsciência e compreender que o conjunto das características individuais tornam a pessoa única no mundo, exige empenho. Conhecer preferências, talentos (habilidades únicas, como uma impressão digital), virtudes, motivadores, paixões, valores, sonhos, mapear conhecimentos e vivências é essencial para encontrar um trabalho significativo. Pois, como Aristóteles disse: "onde as necessidades do mundo e os seus talentos se cruzam, aí está a sua vocação".

"Como encontrar uma profissão que seja a minha vocação? O que fazer depois dos 50? Como me desenvolver e crescer onde estou? Como mudar de área se, há tantos anos, estou no mesmo ramo? Como encontrar realização no trabalho? Como ser feliz e trabalhar ao mesmo tempo?". Essas são algumas perguntas que ouço de clientes confusos, tristes, aflitos, ansiosos, incomodados e carentes de respostas. O que eles não sabem é que eles carregam essas respostas dentro de si, intimamente guardadas, mas acessíveis se bem exploradas.

E como acessá-las? Vimos que a felicidade está relacionada ao autoconhecimento, então, em um processo de *coaching*, é preciso mergulhar nesta pauta. E, nessa etapa, inúmeras e distintas ferramentas são usadas para identificar características e personalidade, tais como pontos fortes, forças de caráter, habilidades, áreas críticas, valores, crenças, necessidades e padrões emocionais mais frequentes. Navegar e se aprofundar no autoconhecimento permitirá trabalhar na essência do *coaching*, que é a direção. Saber para onde ir, por que e como ir, além de mapear as ações, obstáculos e planos de contingência é vital para um processo de *coaching* e cada processo é customizado de acordo com as metas e necessidades do cliente. Porém, algumas ferramentas são comumente usadas, especialmente em *coaching* de carreira:

- **Roda da vida** (mede a satisfação em cada área da vida e traça metas de acordo com cada cliente);
- **Exercícios da felicidade**;
- **Gráfico de preferências** (mede os gostos e preferências pelas mais diferentes áreas);
- **Pontos fortes** (identifica os principais talentos);
- **Forças de caráter** (identifica as principais forças e virtudes pessoais);
- **Valores pessoais** (identifica os principais valores pessoais);
- **Plano de ação** (elabora o passo a passo para alcançar a meta).

Vida real
Como encontrar uma profissão que seja a sua cara?
Usualmente, os jovens terminam o ensino médio sem saber qual é a sua melhor área de trabalho, aquela em que vibrará de satisfação e alegria. As escolhas no vestibular são influenciadas por amigos, familiares, oportunidades do mercado ou, por fim, por seu próprio chamado, com base nos talentos e habilidades que julgam ter e que sejam alinhados com a carreira escolhida.
Com K. foi assim. Começou o *coaching* com muitas dúvidas sobre suas competências e confusão pela escolha profissional. Ele considerava três áreas distintas: economia (pela mãe, uma economista realizada e bem-sucedida), engenharia ambiental (por sugestão dos amigos) e publicidade e propaganda (porque ele "curtia", sem saber o que isso queria dizer). Sua tendência? Seguir a mãe e fazer economia.
Começamos o processo com exercícios de autoconhecimento e autocontrole à luz da comunicação não violenta (CNV). À medida em que os testes eram finalizados (forças de caráter, pontos fortes e

profissões imaginárias), os resultados indicavam consistência num ponto: pessoas. Seu carisma, a capacidade de se relacionar com diferentes públicos, de interagir e se adaptar às diferentes situações sociais foram, repetidamente, sinalizados. Mais exercícios foram realizados e as palavras time, pessoas, amigos, criar e aprendizado ecoavam constantemente. Quanto mais aprofundávamos no autoconhecimento, mais clara ficava a escolha profissional de K. Por fim, optou por publicidade e propaganda, curso que está finalizando e no qual se sente realizado.

Nesse processo foram usadas ferramentas como: paixões e motivadores, conversas poderosas, profissões imaginárias (adaptação de Krznaric, 2012), guia de profissões, ganhos e perdas e *swot* estratégico.

O que fazer depois dos 50?

Chegar aos 50 anos desempregado, subempregado ou trabalhando apenas por dinheiro, sem fazer uso das próprias potencialidades, é lugar comum nos processos de *coaching* de recolocação. Foi o caso de M. Há dois anos fora demitido de um trabalho formal, em vendas de *software*, no qual estivera por oito anos, e ainda estava desempregado, infeliz, desacreditado, muito autocrítico e com baixa autoconfiança e autoestima. Relatava a sua frustração pela idade, 52 anos, e pelas inúmeras negativas na busca por um emprego.

Dedicamos a primeira parte do processo de *coaching* de M. ao autoconhecimento, o que foi primordial para a melhora da autoestima, autoconfiança e esperança no futuro. A cada obstáculo, M. sentia mais forças para levantar, seus músculos emocionais se fortaleciam e o sentido de uma vida profissional gratificante tomava forma. Suas mudanças comportamentais eram visíveis e ele começou a sentir satisfação e alegria em viver. Seus diálogos internos estavam mais positivos, seu otimismo aumentado e sentia mais segurança quanto as suas escolhas. O uso de algumas ferramentas que atendiam às exigências e necessidades específicas de M. possibilitou o conhecimento dos seus gostos, preferências, atividades que traziam *flow* (concentração, intenso e natural envolvimento, sensação do tempo parar) e as competências internas das quais poderia lançar mão para enfrentar os desafios. M. percebeu que, por muitos anos, estivera na empresa errada fazendo o que gostava. M. montou a sua própria empresa, onde aliou a sua paixão por TI às vendas, e se sente confiante, realizado e feliz.

Quero crescer na empresa

Quando o cliente está afinado com a empresa e tem objetivos de crescimento interno, é preciso identificar e fortalecer os músculos emocionais cruciais para a promoção e planejar as ações necessárias para esse percurso.

Foi o caso de F. Sentia-se confortável e alinhado com o perfil da empresa, tinha paixão e habilidades pelo trabalho, mas precisava de mais desafios. Havia trabalhado em diferentes áreas e queria alçar voos, só não sabia a direção nem a altura que podia voar. Faltava clareza quanto a sua personalidade, características e competências. Rapidamente identificamos a habilidade em se situar nos temas corporativos em contrapartida à dificuldade de se posicionar em temas pessoais. Paralelamente, surgiu certo repúdio por tarefas burocráticas, como análises e relatórios, e a certeza de que queria uma vaga em vendas.

Focamos na melhoria dos diálogos e no equilíbrio emocional por meio de ferramentas de comunicação e inteligência emocional. No fim, esse processo atendeu aos três critérios citados por Morim (2018): significado, orientação e coerência. F. compreendeu a importância das suas tarefas, sabia qual era a sua busca e mapeou as ações necessárias para alcançar o seu objetivo. F. estava preparado e focado para a jornada. Ele voou alto, conseguiu a vaga na multinacional e se sente estimulado e feliz porque a sua função exige o uso das suas forças pessoais.

Imagine outros cenários

Você trabalha há anos na mesma área de negócios, sua experiência, contribuições e referências são do mesmo ramo, e quer mudar de mercado, é possível? Trabalha em uma organização com a qual se identifica, mas se sente deslocado das pessoas? Você trabalha em uma organização em que sente conexão com as pessoas, mas sente-se desalinhado com o perfil da empresa? Você está no lugar certo, trabalha com as pessoas certas, mas não sente felicidade? Você se sente invisível aos olhos da empresa?

Essas questões são frequentes e, tenha certeza, a resposta está dentro de você. Ao descobrir-se e conhecer-se, você saberá quais os seus talentos e onde eles cruzam com as necessidades das empresas e daí compreenderá que não é você que precisa da empresa, mas é ela que precisa dos seus talentos únicos. Por isso, as suas escolhas devem ser guiadas por quem você é. Você é o seu próprio guia e tudo depende de você. Depende do quanto está disposto a mergulhar em si, conhecer-se, valorizar-se, apropriar-se da sua unicidade e aceitar a sua humanidade. Depende da sua vontade de acessar as respostas que carrega em si e viver as mudanças que virão disso. O resultado? Realização pessoal, alinhamento com seu propósito e felicidade no seu trabalho.

Referências
ACHOR, Shawn. *O jeito Harvard de ser feliz*. Rio de Janeiro: Editora Saraiva, 2010.
BEN-SHAHAR, Tal. *Positive psychology: the science of happiness*. Disponível em: < https://www.youtube.com/watch?v=wBWejfL0xOA >. Acesso em 25 de out. de 2018.
CRABTREE ,Steve. *Worldwide, 13% of employees are engaged at work*. Disponível em: <https://news.gallup.com/poll/165269/worldwide-employees-engaged-work.aspx >. Acesso em: 20 de out. de 2018.
KRZNARIC, Roman. *Como encontrar o trabalho da sua vida*. Rio de Janeiro: Editora Objetiva, 2012.
LYUBOMIRSKY, Sonja. *Os mitos da felicidade*. Rio de Janeiro: Odisseia, 2013.
MORIN, Estelle M. *Os sentidos do trabalho*. Disponível em: <http://www.scielo.br/pdf/rae/v41n3/v41n3a02.pdf >. Acesso em: 20 de out. de 2018.
SELIGMAN, Martin E. P. *Felicidade autêntica*. Rio de Janeiro: Editora Objetiva, 2009.

9

Desenvolvimento de carreira para jovens

Neste capítulo, você encontrará estratégias para desenvolver o seu início de carreira, tendo a vida profissional nos trilhos e seguindo a sua jornada. Aqui, saberá como fazer o planejamento inicial de carreira e elaborar um mapa de ações claras e, totalmente, direcionadas a mantê-lo no controle de sua vida e de seus sonhos

Erick Herdy

Erick Herdy

Há mais de 20 anos no mercado brasileiro, estrategista de vida profissional e de carreira, palestrante e entusiasta de gerenciamento de projetos. Membro da Sociedade Brasileira de Coaching (SBCOACHING), MBA em gerenciamento de projetos pela FGV e graduado em ciência da informação. É criador e CEO de empresas de tecnologia da informação e de treinamento e consultoria. Já atuou como executivo de projetos globais em empresas multinacionais. Professor de diversos MBA's e cursos de pós-graduação no Brasil e coordenador do MBA de gerenciamento de projetos.

Contatos
www.hutil.com.br
contato@hutil.com.br
Instagram: erickherdy.oficial
Facebook: HUTIL Treinamento & Consultoria

Há muito tempo eu me encontrava pensativo e com muitas dúvidas na cabeça quanto ao que eu tinha feito da minha vida profissional, e qual o rumo que a minha carreira havia tomado. Eu era um executivo da área de projetos de uma grande empresa multinacional, professor de cursos de MBA em uma grande instituição de ensino no Brasil, marido e pai. Olhando de fora, tudo parecia estar perfeito. Mas, a verdade é que eu não estava feliz, na verdade, os sentimentos de realização pessoal e profissional passavam longe de mim. Aos 41 anos de vida, eu estava ali, parado e com um sentimento de vazio, de que algo faltava na minha vida, mas o que seria?

Durante um dia no meu escritório, eu vi um *e-mail* que falava sobre como o *coaching* poderia ajudar as pessoas a se conhecerem verdadeiramente, e como, por meio de técnicas e ferramentas poderosas, as pessoas atingiam os seus objetivos e sonhos de forma clara, rápida e eficaz. Resolvi, então, buscar mais conhecimento a respeito, e foi assim que tudo começou. Fiz vários cursos de *coaching*, aprendi a ser melhor na vida pessoal, profissional, na minha carreira e, principalmente, aprendi a ser mais positivo. O resto é história que contarei em um próximo livro.

Neste capítulo, quero falar, exclusivamente, sobre carreira e como, após aprender muitas dessas técnicas e ferramentas, eu disse a mim: "Uau, se eu tivesse esse conhecimento no início da minha carreira, a minha vida teria sido muito diferente, teria sido melhor. "Já sei, irei levar esse conhecimento a todos os jovens, profissionais e pessoas que quiserem me ouvir para ter a oportunidade de mudar as suas vidas". O que eu não sabia é que, naquele momento, estava mudando a minha própria vida e carreira para sempre.

O que eu estou trazendo neste capítulo é a oportunidade de levar um conhecimento que o fará continuar crescendo de forma social, fisiológica, emocional, intelectual, espiritual, e, claro, financeira. Enquanto você também terá a oportunidade, nesse processo, de agregar, de alguma forma positiva, coisas boas para os outros. Lembre-se de que a sua estrada para o sucesso está sempre em construção e aperfeiçoamento.

Meu objetivo com essa história é simples. Se você aplicar os princípios que eu trago neste capítulo, elevará o seu nível e achará um caminho de paz, felicidade e prosperidade.

Afinal, o que é carreira?

O conceito de carreira surgiu do latim medieval via carraria, que tem o seu significado entendido como estrada rústica para veículos. Somente no século XIX começou-se a utilizar a palavra carreira no mundo profissional, dando um entendimento de que uma pessoa poderia iniciar, seguir de forma linear e encerrar a sua vida profissional em uma única empresa. O fato de poder entrar em uma empresa como estagiário ou com o cargo júnior, e conseguir chegar a um cargo executivo, como diretor ou quem sabe até o presidente da empresa, era, definitivamente, motivo de orgulho para aquele profissional e sua família.

Porém, devido as mudanças que surgiram com a globalização, os avanços tecnológicos, a inserção da mulher no mercado de trabalho e as constantes crises econômicas e financeiras que aconteceram no Brasil e no mundo, além da flexibilização de horário de trabalho e das transformações sociais culturais e educacionais, aconteceram mudanças no cenário corporativo e na vida profissional das pessoas, ou seja, o conceito de carreira mudou.

Hoje, é comum que o profissional passe por muitas empresas, e essa ascensão profissional não é mais vista apenas como recompensa de cargos, mas como uma conquista planejada por esse profissional. A conquista deve contemplar não apenas os seus objetivos profissionais, mas, também, deve abranger uma promoção ou um aumento de salário. Ele precisa contemplar fatores subjetivos tais como satisfação pessoal, realização, equilíbrio entre a vida pessoal e profissional, entre outros fatores que cada um desses profissionais entende como valores essenciais para satisfação pessoal.

O que é uma carreira de sucesso?

Começarei o assunto fazendo uma pergunta: o que define a sua carreira como uma carreira de sucesso? Em um primeiro momento, a pergunta pode parecer simples, mas, ao se perguntar internamente, buscando respostas sinceras, pode se tornar complexa. O sucesso é muito subjetivo e isso depende de cada um de nós. Eu vou dar a você a minha percepção de uma carreira de sucesso, mas, essa é muito particular. Acredito que você possa buscar a sua própria resposta, respondendo para você, de forma clara, sincera e honesta. Vamos lá, vou apresentar a minha resposta para o que é uma carreira de sucesso. O sucesso de uma carreira é o resultado das experiências de carreira de uma pessoa, e pode ser definido como a conquista de resultados desejados, relacionados ao trabalho em qualquer ponto de sua trajetória profissional. Essa definição é útil para que a gente possa entender, de forma ampla, o conceito de sucesso na carreira. E, já que estamos falando sobre resultados desejados, o que tem na sua percepção sinaliza o sucesso de uma carreira com base em resultados desejados. Essa definição foi contextualizada pelo sociólogo norte-americano Everett Hughes (1897-1983):

> O sucesso objetivo é diretamente observável, mensurável, e verificável por uma terceira parte. Seus indicadores são: status, prestígio, posição hierárquica, nível de poder, remuneração e outros marcos publicamente visíveis e reconhecíveis. O sucesso subjetivo, por sua vez, não é publicamente identificável: pode ser experimentado e reconhecido apenas pela própria pessoa, seus marcos são estritamente internos e individuais e referem-se à satisfação de valores, aspirações e propostas de cada indivíduo.

Dessa forma, podemos concluir que um profissional pode ter sucesso de forma objetiva, mas sem alcançar o mesmo sucesso de forma subjetiva, pois, mesmo ao ser reconhecido como um profissional bem-sucedido, ele pode se sentir frustrado, insatisfeito, pois seus valores internos não foram alcançados. Por outro lado, o mesmo profissional pode atingir o seu sucesso subjetivo, sem alcançar o sucesso objetivo. Nesse caso, a satisfação pessoal pode cair por terra se as dificuldades financeiras, falta de reconhecimento não atingirem níveis satisfatórios de comparação. Apesar de serem avaliações diferentes, ambos os comparativos de sucesso precisam andar juntos para que uma pessoa se sinta completa sobre o seu sucesso profissional.

O que é o desenvolvimento de carreira?

O desenvolvimento de carreira deve ser um processo contínuo pela busca de experiências diversas com o foco em evoluir informações sobre si, estilos de vida, sonhos, anseios, desejos e metas. Em outras palavras, desenvolvimento de carreira é o caminho que um indivíduo percorre para se conhecer no campo do trabalho e o papel que ele desempenha neste processo. Para auxiliá-lo a entender esse caminho, eu enumero alguns estágios já profundamente estudados e classificados:

Crescimento (do nascimento até meados da adolescência): nesse estágio, a pessoa começa a desenvolver um autoconhecimento e ser capaz de relacionar as suas próprias habilidades e ocupações;

Exploração (meados da adolescência aos 20 e poucos anos): nesse estágio, a pessoa amplia o autoconhecimento de forma realista e começa a transformar as suas preferências em decisões profissionais bem estabelecidas;

Estabelecimento (dos 20 e poucos até os 40 e poucos anos): nesse estágio, a pessoa já consegue encontrar um nicho dentro de sua área de atuação. Estabelecer-se e achar o seu espaço dentro do nicho de atuação, atuando e se destacando de forma superior à média dos demais profissionais.

Manutenção (dos 40 e poucos anos até os 60 e poucos anos): nesse estágio o profissional, já consegue manter os seus ganhos, começa a estabelecer papéis fora do ambiente profissional, consegue lidar com a concorrência de profissionais mais jovens.

Desengajamento (dos 60 e poucos anos em diante): nesse estágio, um profissional inicia os seus planos para a aposentadoria, ou seja, as seis fases da aposentadoria, desde a pré-aposentadoria até encontrar outras ocupações e fontes de satisfação.

Iniciando uma carreira de sucesso

A migração da sala de aula, seja no ensino médio ou faculdade, para o mercado de trabalho, é um momento que deixa a maioria dos jovens com um nível de estresse bem variado, ou seja, desde um leve desconforto até um desespero ou completo pânico. Essa transição de aluno a profissional traz consigo conflitos e questionamentos que todo jovem experimenta, pois ela sempre passa por escolhas e decisões, que, em sua maioria, têm as opiniões, vontades, anseios dos pais sobre que profissão o jovem deve seguir. Quase nunca são escolhas que passam pelas fases de identificação de suas competências, interesses, valores e objetivos, que são os pilares para a construção de uma vida adulta.

O jovem que passa por esta experiência de desenvolver-se em atributos importantes da decisão de qual carreira seguir já está em vantagem em relação ao jovem que não teve ou buscou esta oportunidade de experimentar tais descobertas. Um atributo fundamental nesse desenvolvimento é o autoconhecimento, ou seja, conhecer os seus valores, as suas crenças limitadoras e fortalecedoras, os seus sonhos, desejos e metas.

Outro atributo bastante característico no momento é o senso de competência profissional – saber identificar os seus pontos fortes e como potencializá-los na busca do desenvolvimento profissional, gerando a confiança necessária em sua capacidade. Um bom planejamento de início de carreira deve considerar alguns aspectos importantes tais como o mapeamento pessoal – trabalhando atributos já citados anteriormente, o mapeamento de competências – identificando os conhecimentos e habilidades que o jovem tem, o mapeamento do mercado de trabalho – desenhando um planejamento de carreira bem-sucedido, e, por fim, um plano de ação – utilizando dados fornecidos nas fases anteriores.

Construindo uma imagem profissional
Durante as minhas experiências com jovens em período de transição da vida escolar para o ambiente de trabalho, pude identificar aspectos fundamentais que separam jovens de sucesso para os jovens, digamos, perdidos neste início. A construção da imagem profissional é o primeiro passo para a evolução de uma jornada bem-sucedida.

A imagem profissional é criada pelo conjunto de características e qualidades profissionais que o jovem projeta em suas ações, comportamentos e atitudes, criando objetivos de carreira e desenvolvendo a sua vida profissional de forma positiva e motivada. De forma, rápida, clara e sucinta, eu diria que uma imagem profissional de sucesso passará por três etapas:

1. Definir um inventário de atitudes positivas, utilizando técnicas de confiabilidade, curiosidade ao aprendizado, automotivação e proatividade, entendimento profundo do trabalho em equipe e desenvolvimento de autoeficácia.
2. Desenvolvimento de um plano de carreira de sucesso, dando ao jovem uma base fundamentada para a construção de sua carreira de sucesso. Um bom plano de carreira deve ter:
   a. Identificação do seu ponto A, ou seja, onde o jovem está agora;
   b. Identificação do seu ponto B, ou seja, onde o jovem quer chegar em seis meses, um ano, cinco anos ou 15 anos;
   c. Definição da "pista de alta velocidade" – quais os requisitos do cargo que o jovem quer alcançar, traçar um plano para percorrer a "pista de alta velocidade".
3. Plano de autoconhecimento e autodesenvolvimento, conhecer os seus sonhos, as suas crenças, os seus objetivos e, principalmente, os seus valores é, sem dúvida, uma vantagem competitiva que qualquer

jovem precisa ter. Já o autodesenvolvimento é a utilização de seu autoconhecimento, potencializando o desenvolvimento de suas competências e habilidades no processo de aprendizagem humana.

Em última análise, quero compartilhar com você o que tenho visto durante os meus seminários de desenvolvimento de carreira nas escolas e universidades brasileiras. Tenho conversado e aprendido muito com esses jovens com o intuito de conhecê-los e entender seus mais profundos anseios e desejos. Posso garantir que quase unanimemente eles querem acertar, mesmo estando perdidos neste gigantesco mundo de oportunidades que o mundo atual lhes oferece.

Uma informação muito importante, que me chamou atenção e considero de extrema importância para pais, professores, escolas, universidades e a você que está lendo este capítulo. Esses jovens sofrem muito mais pelo medo de frustrar as expectativas de seus pais do que em não acertarem o futuro profissional. Esse é um dado alarmante, sim, eu digo alarmante, pois enquanto escrevo este parágrafo final, estou lendo a reportagem em que jovens de uma das escolas mais tradicionais de São Paulo se suicidaram, justamente, porque não queriam seguir a carreira que seus pais sonharam para eles.

Este tem sido o motivador que me levou a desenvolver um programa de desenvolvimento de carreira para jovens e, assim, ajudá-los a criar a melhor estratégia de vida pessoal, profissional e de carreira.

Referências
ROBBINS, Tony. *Desperte seu gigante interior.* Editora BestSeller, 2017.
ROBBINS, Tony. *Poder sem limites.* Editora BestSeller, 2017.
THEML, Geronimo. *Produtividade para quem quer tempo: aprenda a produzir mais sem ter que trabalhar mais.* Editora Gente, 2016.
VIEIRA, Paulo. *O poder da ação.* Editora Gente, 2015.
VICTORIA, Flora. *Semeando felicidade.* Editora SBCOACHING, 2016.
WELCH, Jack. *Paixão por vencer.* Editora Elsevier, 2005.

10

Sua carreira descomplicada

O trabalho é uma parte importante da nossa vida e saber como direcioná-lo, de maneira que possamos aproveitar as nossas habilidades, fazendo o que gostamos, ganhando dinheiro e sentindo que estamos progredindo, o torna mais estimulante. Por isso, uma boa gestão da carreira é essencial para qualquer profissional. Mas, isso não precisa ser complicado

Eulália Andrade

Eulália Andrade

Membro da Sociedade Brasileira de Coaching, realizou as formações em *personal, professional* & *leader coaching*, ambos com reconhecimento internacional pela Behavioral Coaching Institute. *Master coach* e consultora de carreira, palestrante, professora universitária, professora de ensino técnico. Criadora do projeto Sua carreira descomplicada. Administradora com MBA em gestão estratégica de pessoas pela Fundação Getulio Vargas – FGV. Possui licenciatura plena em administração para fins de docência. Carreira desenvolvida nas áreas de gestão de pessoas e educação. Expertise em capacitação profissional, treinamento e desenvolvimento profissional. Experiência em empresas privadas, ONGs e setor público.

Contatos
www.eulaliaandrade.com.br
Facebook: carreira.descomplicada
Instagram: eulaliaandrade.coach
YouTube: Eulália Andrade

A perspectiva de desenvolvimento na carreira é o fator que mais tem influenciado a movimentação de profissionais entre uma empresa e outra. Antigamente, o salário era o maior aspecto avaliado pelos candidatos a uma nova vaga, mas, atualmente, a possibilidade de evolução na carreira tornou-se significativa. Hoje, as pessoas não buscam apenas um aumento no salário, mas uma oportunidade de crescimento na carreira. Diante disso, a busca pelo desenvolvimento profissional tem se tornado uma preocupação constante para aqueles que desejam crescer profissionalmente.

Partindo do pressuposto de que um profissional com carreira sólida é um profissional competente, devemos entender que, para assim ser considerado, deve-se levar em conta a tríade conhecida como CHA: conhecimento, habilidade e atitude. Esse conjunto de palavras é um fator determinante para o desenvolvimento da carreira, alinhados a alguns outros fatores. O processo de *coaching* de carreira auxiliará o *coachee* a desenvolver as suas competências, além de desenvolver o autoconhecimento e elaborar um bom planejamento de carreira. (CARVALHO et. al, 2013, p.160) e (SBCOACHING, 2012, p.302)

Claro que tudo parece muito complicado quando se trata de mercado de trabalho: desenvolver competências, carreira, crescimento profissional. Tudo isso nos passa a impressão de que é muito difícil, e uma sensação de que conseguir se destacar parece uma missão quase impossível, já que o mercado de trabalho é competitivo, com grande concorrência, além de estarmos com o tempo cada vez mais escasso.

Entretanto, gerenciar a sua carreira não precisa ser um bicho de sete cabeças. Com uma metodologia simples, com passos sistematizados de forma ordenada, utilizando-se de ferramentas e procedimentos testados, você poderá dar um salto na sua vida profissional, ter uma carreira feliz e sentir-se realizado. A seguir, você encontrará passos simples e que irão descomplicar a sua carreira de uma vez por todas. (ACHOR, 2012, p.216)

Tenha um propósito bem definido

Se você não tiver um propósito profissional bem definido para a sua carreira, você ficará dissipando energia em diversas áreas e em várias direções. Isso, com toda certeza, não contribuirá para o seu sucesso profissional, pelo contrário, isso poderá levá-lo a indecisões, inseguranças e fraquezas. Por isso, o primeiro passo para construir uma carreira feliz, com um planejamento que seja, realmente, eficaz é: tenha um propósito profissional bem definido. (HIRSH e JACKSON, 2014, p.119)

Muitas pessoas não alcançam o sucesso por falta de um objetivo bem definido, ausência de metas que sejam claras e, obviamente, atingíveis, bem como a falta de um plano bem estruturado. Mas, afinal, por que um propósito bem definido é tão importante? Simples, ele cria poder pessoal. Quando você tem um propósito, se compromete em atingi-lo, organiza todos os seus conhecimentos em torno dele, além de focar suas energias e esforços para cumpri-lo. Dessa forma, você se torna forte para perseguir e conseguir o que deseja.

Para definir o seu propósito na carreira, considere três questões sobre si:

Quando você pensa em si, quais são As suas principais características? (seus talentos)

Quais ações comprovam os seus talentos? (seus comportamentos)

Quais são os seus principais objetivos profissionais a serem atingidos? (seus objetivos)

Reflita sobre onde e como você conseguiria aplicar as respostas das questões acima de forma efetiva. Direcionando os seus talentos e comportamentos da forma certa, você terá mais forças para alcançar os seus objetivos. (MAXWELL, 2016, p.303)

Seja congruente com os seus valores

O nosso comportamento é determinado pelos nossos valores, ou seja, mesmo que inconscientemente, agimos conforme regras internas que norteiam o nosso modo de viver e tomar decisões.

Os nossos valores são formados por meio da nossa experiência de vida. São construídos e assimilados desde a base de nossa educação, ambiente familiar, convívio com os amigos, dentre outros acontecimentos da vida.

Os valores exercem grande influência na forma como criamos nossos caminhos para alcançar nossos objetivos. Por isso, ter plena consciência deles nos permite ter maior controle das decisões e ações, e, dessa forma, minimizar as possibilidades de remorso ou arrependimentos. Conhecendo seus valores, você poderá compreender o real motivo de suas ações, o porquê dos seus comportamentos e, com esta consciência, poderá trabalhar melhor suas atitudes.

Compreenda os seus valores e fique alerta, pois suas escolhas e decisões devem ser congruentes com os valores que você possui, assim você poderá ter uma carreira equilibrada e na direção certa.

Para identificar os seus valores, comece refletindo sobre:

Quais coisas são mais importantes para você?
Que sentimentos essas coisas importantes lhe proporcionam?
Por que essas coisas são tão importantes para você?
Lembre-se de que o que é importante, o que tem valor, o que o motiva faz parte da sua essência!

Cuidado com a autossabotagem
As pessoas se diferenciam não só pela sua capacidade, mas também pela vontade de fazer algo, ou seja, pela motivação. Essa motivação depende dos nossos motivos. Podemos definir "motivos" como necessidades, desejos ou impulsos da pessoa dirigido a um ou mais objetivos. Esses motivos são razões subjacentes ao nosso comportamento. Entretanto, os objetivos são externos, ou seja, estão fora da pessoa, e podemos chamá-lo de "recompensa esperada".

Ocorre que, muitas vezes, temos dificuldades em nos motivar para alcançar a "recompensa esperada". Isso ocorre, porque temos fatores que podem estar nos sabotando.

Apesar de existir diversas teorias sobre motivação, aqui iremos tratar de forma muito simplificada, realmente descomplicada. Nós, seres humanos, somos basicamente motivados pelo prazer e pela dor. Nossa motivação se baseia, essencialmente, na possibilidade de ganhar ou de perder algo, ou seja, somos motivados pelo prazer de ganhar, ou pela dor de perder.

Reconhecer o que está o motivando ou o que está o sabotando, para alcançar um objetivo, é essencial. Afinal, existem momentos em que tudo depende do nosso posicionamento diante da situação, e, nesses momentos, podemos ter um comportamento motivador ou sabotador. Mas, o que nos diferencia, verdadeiramente, é a forma como lidamos com a motivação ou com a autossabotagem. Saber reconhecer o que nos impulsiona, ou o que nos trava é essencial para a construção de uma carreira de sucesso.

Agora, pense no seu objetivo profissional e responda:
O que você ganha alcançando esse objetivo?
O que você perderá se não alcançar?
Se as suas perdas são mais significativas para você do que os seus ganhos, dois aspectos devem ser analisados: você, possivelmente, está se sabotando, ou o seu objetivo precisa ser ajustado.

Mantenha bons relacionamentos
A capacidade de criar e manter conexões vantajosas leva o nome de *networking*. Não estamos sozinhos neste mundo e, por

isso, essa palavra é tão importante no âmbito da carreira. Talvez você não goste muito dessa ideia, tudo bem, muitas pessoas se sentem assim, mas é um fator importante ao seu desenvolvimento profissional. Mesmo você não gostando muito, é necessário fazê-lo, e com muita competência, pois é uma tarefa que ninguém poderá realizar por você. (DARLING,2007, p.68)

Fazer *networking* não significa tirar proveito das pessoas, nem obter favores sem dar nada em troca, ou até mesmo conseguir emprego ou patrocínio para algum projeto. Significa construir relacionamentos de confiança, antes mesmo de precisar de algo. Na maioria das vezes, as pessoas se dedicam a fazer *networking* apenas quando estão precisando de algo, desde um emprego ou até uma simples informação. O fato é que não é assim que se faz *networking*.

Você precisará fazer um plano de *networking*, pois isso o ajudará a economizar tempo e energia.

Então, comece estabelecendo em que áreas ou assuntos você poderia ajudar pessoas, afinal, é uma relação de ajuda mútua. Ajudar sem querer nada em troca é a melhor forma de começar, isso gera reciprocidade e uma grande chance desse alguém não se esquecer de você. Procure ser visível, uma excelente forma de fazer isso é utilizando as redes sociais. Seja ativo, poste coisas interessantes para a sua rede, faça comentários que agreguem valor e mantenha a sua rede atualizada. Também é importante ter postura ativa fora do mundo virtual, para manter os laços é preciso ser presente.

Identifique na sua rede, pessoas que tenham interesses comuns aos seus, a afinidade gera relacionamentos duradouros. Seja criativo, autêntico e sincero. Procure se destacar dos demais, mas, seja você. Participe de eventos da sua área de atuação, isso vai fortalecer a sua imagem e colocá-lo em contato com outras pessoas, possibilitando, assim, aumentar a sua lista de contatos.

Muita gente acredita que é necessário ter uma rede de contatos imensa, quando, na realidade, o mais importante é ter relacionamentos estratégicos e de qualidade, que possam, de alguma forma, contribuir com você de forma positiva e produtiva.

Lembre-se: as pessoas que fizerem parte das suas relações são de extremo valor. Por isso, administre com cuidado suas conversas, evitando assuntos que possam ser prejudiciais a esse relacionamento. (BLANCHARD e HERSEY, 1986, p.428)

Faça e execute planos

Qual é o seu objetivo profissional? O que você espera da sua carreira?

Um bom planejamento começa com um bom objetivo. Saber para onde irá caminhar é o seu primeiro passo. Por isso, procure ver onde você quer estar em um determinado período de tempo, quais realizações profissionais pretende alcançar.
De nada adianta ter um bom objetivo somente em seus pensamentos, é necessário que você faça anotações. Então, busque por objetivos desafiadores, aos quais pretende manter o seu foco e os anote. Entretanto, procure alinhar os seus objetivos profissionais com os objetivos pessoais, pois, caminhando na mesma direção, será mais difícil perder o foco, além de proporcionar maior equilíbrio na sua vida. (VIEIRA, 2017, p.168)
Aprenda a transformar a sua visão de futuro em metas. Ao estabelecer metas, fique atento a alguns critérios:

• Suas metas devem ser positivas, ou seja, defina o que você quer conquistar e não o que não quer;
• Defina metas desafiadoras, mas realistas. Metas muito fáceis não motivam, já metas altas demais podem causar frustração;
• Sua meta deve depender unicamente do seu desempenho. Ou seja, você precisa ter controle sobre a sua meta;
• Suas metas precisam ser específicas. Você precisa defini-las de uma maneira clara, que não tenha espaço para dúvidas e que faça sentido para você;
• Devem ser mensuráveis ao longo do processo. Será necessário determinar formas para saber se está perto de alcançá-las;
• Sua meta precisa fazer bem a você e às pessoas que ama. De nada irá adiantar alcançar a sua meta e com ela magoar pessoas queridas;
• Estabeleça um prazo para alcançar a sua meta. Esse prazo deve ser realista.

Claro que, de nada irá adiantar você elaborar um excelente plano para sua carreira, se não executá-lo. Entrar em ação depende única e exclusivamente de você, não dá para terceirizar essa tarefa. Por isso, tome as rédeas da sua carreira, seja o piloto, transforme todo o seu potencial em desempenho e, com toda certeza, você terá sucesso profissional. (HILL, 2012, p.208)

Acredite
Para a maioria das pessoas, o primeiro maior obstáculo ao sucesso é acreditar em seu potencial. Muitas vezes, o que atrapalha não é a falta de talento ou a falta de objetivo, mas, sim, a falta de confiança.

Quanto mais acreditar na sua capacidade de ter sucesso profissional, maiores serão as chances de ser bem-sucedido. Estudos demonstram que se tivermos a crença de que é possível proporcionar alguma mudança positiva na nossa vida, podemos melhorar o desempenho no trabalho, além de aumentar a motivação.

Não sei qual é o seu talento, mas sei que você só alcançará o sucesso na sua carreira se acreditar em si. Acreditar no seu potencial é acreditar naquilo que poderá se tornar. Acreditar em si é crer que você poderá atingir o seu potencial.

Lembre-se: bons resultados são provenientes de boas ações, boas ações são resultado de boas expectativas, mas, para se ter boas expectativas, primeiro, é preciso acreditar.

Melhoria contínua...

Melhoria contínua na carreira consiste em analisar seu processo de evolução profissional constantemente. Verifique onde você se encontra em relação as suas competências. Considere a tríade CHA: conhecimento, habilidade, atitude, visando a determinação de quais aspectos podem ser melhorados.

Busque descobrir quais conhecimentos necessitam ser adquiridos ou atualizados. Identifique quais habilidades você pode desenvolver ou aprimorar. Analise as suas atitudes e procure melhorá-las continuamente. Busque a sua excelência profissional sempre!

Referências
ACHOR, Shawn. *O jeito Harvard de ser feliz*. Editora Saraiva, 2012.
BLANCHARD, Kenneth H.; HERSEY, Paul. *Psicologia para administradores: a teoria e as técnicas de liderança situacional*. Editora EPU, 1986.
CARVALHO, Iêda Maria Vecchioni; SOUZA, Maria Zélia de Almeida; LUSTRI, Denise; ROCHA, Jorge L. Cunha da. *Cargos, carreiras e remuneração*. Editora FGV, 2013.
DARLING, Diane. *Networking: desenvolva sua carreira criando bons relacionamentos*. Editora Sextante, 2007.
HILL, Napoleon. *A lei do sucesso: a filosofia que mais influenciou líderes e empreendedores no mundo inteiro*. Editora Leya, 2012.
HIRSH, Wendy; JACKSON, Charles. *Planejamento de carreira em uma semana*. Editora Figurati, 2014.
MAXWELL, John C. *Talento não é tudo*. Editora Vida Melhor, 2016.
SBCOACHING. *Personal & profissional coaching: livro de metodologia*. Editora Publit, 2012.
VIEIRA, Paulo. *Foco na prática*. Editora Gente, 2017.

11

Todo comportamento comunica

O que o seu comportamento comunica? Qual mensagem você vem transmitindo por meio de sua comunicação corporal? No momento de apresentar uma ideia ou um projeto, você o faz pautando-se em seus próprios interesses, ou com base no interesse de seu interlocutor? Você tem elaborado, estrategicamente, a sua apresentação? A seguir, apresentarei duas histórias com dicas valiosas sobre comunicação estratégica

Évila Carrera

Évila Carrera

Advogada, professora de graduação e pós-graduação na área jurídica e de gestão. Palestrante e especialista em comunicação e oratória. Possui MBA em gestão empresarial pela FGV, onde lecionou a disciplina de técnicas de comunicação no pós-adm.– FGV. É mestranda em administração estratégica de negócios pela Universidade Nacional de Misiones – Argentina. Coautora dos livros *Meios adequados de resolução de conflitos* (Editora Empório do Direito) e *Justiça restaurativa* (Editora D'Plácido), que abordam como as técnicas de comunicação e de negociação podem ser aplicadas na resolução de conflitos. Desenvolve treinamentos e cursos na área de comunicação, oratória, liderança e negociação.

Contatos
www.evilacarrera.com.br
contato@evilacarrera.com.br
(77) 98835-1382

A comunicação do líder

Já são 9h e, como de costume, Patrícia ingressa na sala de reunião para mais um encontro semanal com a sua equipe. Trata-se de um momento de troca de *feedback* e de monitorar o planejamento. Patrícia abre o seu computador e inicia a sua fala de boas-vindas. Seu olhar é furtivo. Ela não costuma olhar nos olhos das pessoas quando fala. Ela olha para o celular que está sobre a mesa, passa a mão nele como se estivesse verificando se chegou mais alguma mensagem.

Então, depois de sua fala, abre espaço para que os seus liderados se manifestem e exponham as suas opiniões. Enquanto falam, Patrícia levanta-se para tomar uma água e acena com a cabeça como se quisesse dizer: "pode continuar falando, estou ouvindo você!".

Ela senta novamente e começa a manusear o celular e olhar para a tela do computador, enquanto as pessoas falam. Depois que Ana, a responsável pelo setor de vendas conclui, Patrícia pede uma pausa na reunião para atender ao celular. Era a sua manicure querendo confirmar o horário.

Ela retoma a reunião. Inclusive, repreende alguns de seus liderados, pois os julga dispersos. Agora, é a vez de Antônio, o responsável pelo setor de logística, se manifestar. Antônio passou toda a reunião de braços cruzados, com testa franzida, demonstrando tensão e desconforto. Ele indica alguns problemas de ordem operacional, pois há vários pedidos sem entregar, pois não estão disponíveis no estoque.

Essa informação é algo gravíssimo e que precisa de uma tomada de decisão urgente, mas, Patrícia parece não perceber a gravidade do problema, tampouco a expressão corporal de quem o transmite e, indicando pressa, pede para que o próximo coordenador se posicione.

Durante toda a reunião, Patrícia não faz anotações, nem se comunica com sincero interesse pelas falas dos seus interlocutores. Tão logo que o último colaborador falou, ela fez a fala de despedida, fechou o seu computador, acenou para a equipe e saiu da sala, atendendo o celular.

No final da tarde, foi ao encontro de sua manicure. Patrícia, aproveitando o momento de relaxamento, começou a desabafar. Começou a dizer que as pessoas não costumavam escutá-las. Na verdade, elas faziam tudo completamente diferente do que ela orientava. E continuou:

Minha reunião, hoje, amiga, foi um saco. Parecia um muro das lamentações. Todos se queixavam o tempo todo. Mas o que me incomoda é que eles sabem cobrar de mim as providências, mas não fazem nada do que costumo orientar. É como se eu nunca tivesse falado, absolutamente, nada com eles.

Patrícia não sabia, porém, que parte desse resultado que ela vinha obtendo com a sua equipe era fruto de sua comunicação corporal. Ela não se entregava às reuniões. Ouvia os seus liderados com certa indiferença. Eles, alinhados ao comportamento dela ou refletindo a sua postura, mantinham-se igualmente indiferentes ao que ela falava.

No momento em que eles expunham os seus problemas, ela, automaticamente, olhava para a tela do computador ou para a tela do celular, ainda que não estivesse verificando nada. Era um movimento irracional. Ela apenas já estava condicionada a fazê-lo.

Ela transparecia ter pressa em concluir a reunião; eles, em realidade, nem queriam estar ali. Patrícia, pelo fato de, literalmente, não olhá-los durante os encontros, fazia com que eles se sentissem, verdadeiramente, sem prestígio, sem serem olhados, percebidos e acolhidos.

A comunicação corporal de Patrícia estava impactando na autoestima da equipe. Eles estavam ali não por um projeto ou por terem orgulho de trabalharem naquela empresa. O que os mantinha ainda na corporação era o salário que costumava ser um pouco acima do que o mercado costumava pagar.

E o diálogo com a sua manicure continuou:

Eu acho um absurdo a gente investir neles, pagar curso, treinamento, fazer várias campanhas de *endomarketing* e eles, na primeira oportunidade que encontram, deixam a empresa.

Patrícia acreditava que investir em seus liderados e remunerá-los bem era suficiente para mantê-los motivados e alinhados ao projeto da corporação.

A comunicação de liderança de Patrícia não os motivava. Ao passar a palavra de forma mecânica para outro membro da equipe, ela comunicava aos seus liderados que fizessem o mesmo, ou seja, façam o que tem que fazer, cumpra, mecanicamente, as suas tarefas e acabem logo com isso. E, assim, eles estavam agindo. Entregavam para a empresa o suficiente para estarem quites com as suas atribuições e acabarem logo com o expediente.

Isso nos remete ao pensamento de Einstein, que diz: "nunca jogue uma bola na vida, de forma que você não esteja pronto a recebê-la. A vida não dá nem empresta; não se acomoda, nem se apieda. Tudo quanto ela faz é retribuir e transferir aquilo que nós oferecemos".

Como afirma Paul Watzlawick, "todo comportamento é comunicação, pois ele influencia os outros e é influenciado por eles." O líder deve se preocupar em possuir uma comunicação coerente com o seu papel de liderança. Se ele se comunica com indiferença, ele receberá indiferença de seus liderados. De igual modo, se ele se comunica de forma assertiva, com olhos atentos em seus liderados (e aqui cabe os dois sentidos da expressão), ele colherá engajamento.

Evocando Albert Schweitzer: "Dar exemplo não é o principal meio de influenciar os outros, é o único meio." A liderança é construída por meio de um instintivo processo de espelhamento. Os liderados refletem o comportamento de seus líderes, e a comunicação deste exerce uma influência significativa na construção da mensagem que almeja transmitir.

Patrícia, então, depois que aprendeu que precisava investir em sua comunicação (sobretudo, corporal), conseguiu alcançar melhores resultados, não só na empresa, mas também na vida.

Ela compreendeu que precisava engajar-se mais e comunicar, verbal e corporalmente esse engajamento, pois de nada adiantaria falar com as palavras, que representam apenas 7% da mensagem, e negligenciar os outros 93% da comunicação, seguindo os ensinamentos do psicólogo Albert Mehrabian.

Ela, então, lixou as suas fraquezas, ornamentou a sua fala e pôde mostrar para todos que estavam diante dela que eles podiam confiar em uma líder disposta a estender as suas mãos para que todos pudessem crescer juntos!

O difícil é falar fácil

Davi, jovem empreendedor, estava em busca de um investidor para o seu novo projeto. Ele acabava de concluir o MBA em gestão empresarial e estava em busca de um sócio que pudesse viabilizar o seu plano de negócios.

Davi, depois de várias respostas negativas de empresários da região, conseguiu uma reunião com Pedro, empresário do setor de hotelaria, que já dispunha de mais de 50 anos de experiência de mercado.

É sabido que, no meio corporativo, tempo é um patrimônio valioso. A máxima de que "tempo é dinheiro" há tempos vem sendo repensada, tendo em vista que, em muitas situações, o tempo constitui-se tão precioso quanto o dinheiro, com a grande diferença de que, este, caso seja perdido, pode ser resgatado; já aquele, uma vez desperdiçado, é impossível de ser recuperado.

Nesse sentido, conseguir uma reunião já era um grande feito, pois Pedro não aceitaria se reunir com Davi se o seu projeto não lhe interessasse de alguma forma.

O grande objetivo de Davi, naquela reunião, era o de persuadir Pedro a injetar cerca de R$ 500 mil reais em um hotel para animais de estimação. Davi acreditava que, pelo fato de Pedro ser uma das maiores referências no ramo de hotelaria, tivesse interesse em expandir seus negócios e aproveitar a estrutura que já dispunha para oferecer o serviço para *pets*.

Pedro adentrava a sala. Davi, prontamente, se levantava para cumprimentá-lo. Apertava a mão do empresário com segurança, mantendo com ele contato visual e buscando observar a comunicação corporal do seu futuro investidor. E, na sequência, indagava quanto tempo ele havia para a realizar a apresentação. Pedro respondia que cerca de 20 minutos, pois estava com algumas demandas urgentes ainda para resolver naquela tarde.

Davi, então, agradecia a oportunidade daquele encontro e prometia ser breve em sua fala. O jovem, então, cumprindo com a promessa, iniciava a sua apresentação, indo direto ao assunto. Pelo fato de dominar o conteúdo de seu projeto, Davi sabia que poderia apresentá-lo em 20 minutos ou em duas horas, tudo dependeria do tempo que seu interlocutor lhe fornecesse.

Esse é um dos grandes trunfos de dominar o que se vai falar: adaptabilidade às condições que lhe são fornecidas. Quem domina o que vai falar, pode fazê-lo com recurso audiovisual ou não, em maior ou menor tempo, em um espaço reservado ou em um ambiente público. Enfim, Davi sabia que não poderia perder aquela oportunidade.

Davi, então, iniciava a apresentação, mostrando detalhes da execução de seu projeto de Hotel para *pets*. Na oportunidade, colocava Pedro como potencial usuário do serviço, descrevendo, dentro do tempo exato que lhe fora concedido, pormenores da hospedagem e todos os serviços conexos a ela.

Pedro, porém, interrompia Davi e lhe dirigia a seguinte pergunta:

— Davi, percebo que você é um grande entusiasta de seu próprio projeto, mas como posso viabilizá-lo? Em nenhum momento, você me apresentou dados que pudessem despertar o meu interesse em investir nele.

Davi, então, caía em si e percebia que a sua apresentação, de fato, estava equivocada. Ele incorria em um erro que muitos empreendedores acabam cometendo: confundir investidor com consumidor final.

Pedro precisava saber dos números do empreendimento, do quanto ele precisaria investir para ter algum retorno e, não, que o seu cão iria dispor de um *spa* e sessões de acupuntura. O excesso de informação havia levado à desinformação. O potencial investidor passou a ter conhecimento sobre vários aspectos do projeto que não lhe interessava, porém, se encontrava inteiramente desinformado sobre o que, realmente, precisava saber para investir o seu dinheiro.

Davi não se colocou no lugar de Pedro para alinhar a fala, a fim de que esta contivesse as palavras-chave para despertar o interesse da sua contraparte. Davi falava a partir de seu ponto de vista; quando, na realidade, ele deveria se atentar à visão do investidor.

Além disso, a linguagem que Davi utilizava era demasiadamente técnica. Repleta de jargões da gestão, e que pouco conectava com a de Pedro: um empresário que não se dedicou tanto à formação acadêmica e que construiu um império no ramo de hotelaria valendo-se das inúmeras tentativas, erros e acertos.

Pedro entendia de números e tinha a capacidade de avaliar a viabilidade de um projeto a partir de índices com os quais lidava diariamente.

O empresário, por ter simpatizado com o jovem Davi, resolveu lhe fornecer uma segunda chance, agendando uma nova reunião na semana seguinte.

Chegado, então, o dia da reunião, Davi, ciente de que de nada adiantaria falar de pormenores da execução do projeto, baseou-se em índices que o setor hoteleiro utilizava e que, certamente, seria rapidamente assimilado por Pedro. Falou de *payback*, índice de liquidez, retorno sobre o investimento, dentre outros indicadores utilizados para análise de projeto. Apresentou todos os cenários, as oportunidades e as ameaças que o mercado oferecia ao negócio.

Pedro solicitou planilhas a Davi, para que ele pudesse analisar. O jovem, prontamente, apresentou-as de forma organizada, com uma leitura simplificada, de modo que Pedro encontrasse, facilmente, as informações que lhe interessassem.

A apresentação de Davi, dessa vez, não chegou a 15 minutos, o que permitiu que Pedro o questionasse. A elaboração de perguntas é um ótimo termômetro para se avaliar se a apresentação foi bem-sucedida ou não. Os questionamentos, normalmente, surgem quando há, realmente, interesse por parte do interlocutor naquilo que está sendo apresentado.

Herbert Simon, autor da teoria da *Economia da atenção*, afirma que: "a riqueza de informação cria pobreza de atenção, e com ela a necessidade de alocar a atenção de maneira eficiente em meio à abundância de fontes de informação disponíveis".

Sendo assim, é preciso usar estrategicamente o tempo que se dispõe e apresentar de maneira simples e objetiva o que é de mais relevante para se alcançar os objetivos.

Falar de maneira simples e direta, no mundo corporativo, não é visto como algo sem conteúdo. Pelo contrário, quem consegue traduzir em poucas e adequadas palavras o que almeja consegue alcançar melhores resultados.

O extraordinário não está em falar difícil e com tecnicismo. Isso pode, inclusive, causar ruídos de comunicação e acabar não comunicando nada. O mais importante é investir em argumentos consistentes e ornamentar a fala com expressividade, uma vez que o racional e o emocional devem ser igualmente alimentados.

A argumentação conduz ao convencimento; mas é a emoção que gera a persuasão. O racional é abastecido com dados e informações concretas; porém é a veracidade de como se transmite a mensagem, o entusiasmo da voz e a ornamentação da fala que conduzirá à tomada de decisão. Nesse sentido, Davi soube orquestrar muito bem essas duas variáveis (argumentação e persuasão), saindo da reunião apertando a mão de Pedro: seu futuro sócio no empreendimento.

12

Por onde você quer navegar e como vai inspirar a sua tripulação?

Refletiremos sobre as duas questões essenciais presentes no processo de crescimento, mudança e aperfeiçoamento pessoal ou empresarial: para que desejo isso na minha vida? Como atingirei esse propósito? De maneira lúdica, academicamente embasada e apresentando alternativas práticas, convido-os(as) a responderem a essas questões e desbravarem os mares ou lagos que escolham para a sua trajetória

Fabíola Matos

Fabíola Matos

Pedagoga. Pós-graduada em metodologia do ensino, pesquisa e extensão. Extensão em psicologia Junguiana. MBA em administração e gestão de negócios. *Executive coach* formada pela Sociedade Brasileira de Coaching. *Personal & professional coach* formada pela Sociedade Brasileira de Coaching. Professora titular das disciplinas de liderança estratégica, recrutamento, seleção e desenvolvimento de pessoas. Formação de *leader coach* e autoconhecimento, competências do líder e mudança atitudinal – MBA/Pós Unifacs. *Coach* ontológica certificada pelo ICP – Instituto de Capacitación Profesional - Argentina. Analista PDA. Especialista em formação e desenvolvimento de líderes. Especialista na gestão do relacionamento com cliente. Atuação em funções executivas, por mais de 25 anos, em empresas de grande porte, tais como: Credicard, Contax, Klabin Segall, Agre, PDG e Atento, entre outras, destacando-se por liderança de projetos, reestruturações e implantações em variados segmentos.

Contatos
www.fabiolamatos.com
contato@fabiolamatos.com
Instagram: fabiolamatos.gestao
Facebook e LinkedIn: Fabíola Matos
(71) 98808-4717/ (71) 3483-4383/ (71) 99172-0097

Em Salvador, um dos pontos turísticos da cidade é o Dique do Tororó, uma lagoa de 110 mil metros cúbicos de água. E, como uma das suas principais características, hoje, possui oito belas esculturas dos Orixás, produzidas pelo artista Tatti Moreno. Também já foi comum encontrar barquinhos que levavam as pessoas de um lado a outro, ou ainda conduziam pescadores até o meio da lagoa.

Possivelmente, neste momento, você deve se perguntar qual o propósito dessa apresentação e qual a relação com o tema: por onde você quer navegar e como vai inspirar sua tripulação? Vamos entender, primeiro, como a necessidade de responder a essa pergunta e a ferramenta disponível para encontrar o caminho se encontram.

Essencialmente, o *coaching* se apresenta como uma metodologia capaz de apoiar outra pessoa em uma mudança de cenário, de objetivos, de reposicionamento. De maneira bem simplista, mudar uma condição que já não mais atende às expectativas, atingir uma meta. Atuando como consultora e *coach*, a visão da minha empresa ser a escolha mais significativa de pessoas e organizações nos seus processos de crescimento, mudança e aperfeiçoamento pessoal e empresarial reflete, de maneira objetiva, a que se destina um processo de *coaching*.

Crescer, mudar, aperfeiçoar. No meu entendimento, são duas perguntas essenciais e que seriam o farol capaz de gerar os *insights* iniciais e mobilizar o sujeito para a ação:

- **Para quê?**
- **Como?**

Por onde você quer navegar? Provocação amorosa
Quando estou atuando como professora no MBA, ministrando qualificações ou ainda com meus clientes, uso uma expressão que, agora, aproveito para registrar formalmente: provocação amorosa. Então, agora que iremos iniciar as nossas reflexões de maneira mais prática, peço licença a você, meu honrado leitor, minha honrada leitora, para fazer algumas provocações amorosas e usar as minhas simples perguntas "farol" para guiar a nossa jornada.

Por onde você quer navegar? Quer ser um excelente gerente? Quer liderar grandes times? Quer assumir uma divisão estratégica? Anseia o cargo de CEO? Deseja trabalhar em uma multinacional? Quer cuidar da padaria da família? Quer ter o seu próprio negócio? Deseja dar uma guinada na carreira? Ser um barquinho no dique ou um transatlântico?

Para quê? Uma das belezas do processo de *coaching* é que não há julgamento, não há, por parte do profissional que lhe assessora, nenhum viés voltado para decidir o que está certo e o que está errado. A ideia é que você encontre o seu propósito, e essa é a essência da primeira provocação amorosa.

O **para que** inicial é norteador. É para o seu ego, para agradar os seus pais, para ganhar dinheiro, para fazer o bem ao mundo, para a sua felicidade e realização? Responder a essa pergunta lhe dará uma base importante para avançar até as demais etapas desse processo.

Preciso fazer um importante registro: todas as escolhas são legítimas e, como estou usando a ludicidade para ilustrar o nosso texto, está tudo bem em ser barquinho no dique ou ser transatlântico. O necessário é definir **o que** e logo depois o **para quê**, caso contrário, estaremos ancorados, o que contraria, naturalmente, a missão dos dois. Falaremos ao final sobre esse aspecto.

Muito bem. Vou deixar um espaço simbólico aqui, para que você responda o seu objetivo de mudança, conquista e, em seguida, a minha provocação amorosa: **para quê?**

** _____ **

** _____ **

Feito isso, vamos à sequência da nossa abordagem. Se o seu objetivo não é solitário, se envolverá outras pessoas, chegamos ao **como** você vai inspirar a sua tripulação, que pode ser um jovem aprendiz para apoiá-lo a receber as pessoas no seu barquinho para a travessia no dique, ou aproximadamente 1.400 pessoas em um transatlântico que transportará mais ou menos 4.500 pessoas.

A próxima provocação amorosa desse momento é: **como** vai inspirar sua tripulação, se você não for o exemplo maior? Se você não encontrou o seu **para que**, como espera engajar as pessoas no processo?

Existe uma história creditada a Mahatma Gandhi, que parece ilustrar bem essa questão:

Uma mãe teria levado seu filho ao Mahatma Gandhi e implorou que ele pedisse ao menino que não comesse muito açúcar, porque isso faria mal à saúde.

Gandhi fez uma pausa e pediu à mãe que voltasse em duas semanas com o filho.

Assim ela o fez e, então, Gandhi se dirigiu ao garoto, olhando profundamente em seus olhos e disse: "Não coma muito açúcar, pois faz mal à saúde".

A mulher, agradecida, mas perplexa, perguntou a Gandhi por que ele pediu as duas semanas de prazo, se poderia ter dito a mesma coisa antes! E ele respondeu: "há duas semanas estava comendo açúcar. Não posso exigir dos outros o que não pratico".

A liderança, tal qual a maternidade e paternidade, se faz pelo exemplo. A chance de obter resultados favoráveis no engajamento da sua tripulação está diretamente relacionada ao seu nível de entrega, de superação de obstáculos e de mudanças geradas na sua vida, então, se não souber exatamente para que quer algo e como irá fazê-lo, o seu discurso tende ao vazio.

Seguindo essa lógica, precisamos, então, responder:
Como você irá construir a sua jornada?
Como irá envolver a sua tripulação?

Para o seu objetivo:
• Serei uma pessoa melhor;
• Vou me esforçar;
• Vou tentar controlar meus custos;
• Desenvolverei a minha inteligência emocional;
• Vou me qualificar;
• Vou me dedicar a um novo idioma;
• Vou buscar novos clientes;
• Irei desenvolver relações mais próximas com os meus pares.

Para o envolvimento da sua tripulação:
• Vou apoiar melhor a minha equipe;
• Vou qualificar as pessoas;
• Vou contratar melhor;
• Vou remunerar melhor.

Aqui vai um apelo amoroso: não façam isso com os seus sonhos! Não tratem seus propósitos de maneira tão superficial. Ram Charan e Larry Bossidy, referências em execução, dizem que uma estratégia que não responde aos como(s) está fadada ao fracasso.

Se consideramos as comuns falas acima, não vemos nenhum como. Não se pode mensurar, acompanhar nem avaliar nenhuma das intenções postas. Sim, o que temos acima são intenções e não ações. E intenções não produzem resultados, porque ficam no campo do imaginário, do subjetivo. Para sermos capazes de modificar o nosso dia, conquistar nossos propósitos e, quando se aplicar, engajar pessoas nesse contexto, precisamos ser capazes de concretizar, objetivar as nossas intenções. Caso contrário, seguindo a sabedoria popular, já sabemos onde as boas intenções irão parar.

Portanto, mais provocações amorosas, relendo as intenções acima:

Para o seu objetivo:
• Serei uma pessoa melhor. Como? O que farei efetivamente? Cursos? Leituras? Meditações? Buscarei *feedback* de pessoas próximas? Desenvolverei um plano de ação? Como?
• Vou me esforçar. Como?
• Vou tentar controlar os meus custos. Como?
• Vou me qualificar. Como?
• Vou me dedicar a um novo idioma. Como?
• Vou buscar novos Clientes. Como?
• Irei desenvolver relações mais próximas com os meus pares. Como?

Para o envolvimento da sua tripulação:
• Vou apoiar melhor a minha equipe. Como? Desenvolverei uma rotina de *feedback*? Implantarei avaliações periódicas de desempenho? Farei um programa de reuniões mensais?
• Vou qualificar as pessoas. Como?
• Vou contratar melhor. Como?
• Vou remunerar melhor. Como?

Não seria difícil imaginar que, neste momento, alguns de vocês poderia me dizer:
"Muito bem, Fabíola, tudo certo e entendido, falando assim é fácil". Mas, agora, eu quero fazer uma provocação amorosa: como é que você faz tudo isso?

Ah, muito bem, caríssimo leitor, caríssima leitora! Respeito e valorizo seu novo posicionamento.

Vocês já sabem que *coach* não dá conselhos, não emite julgamentos e nem apresenta soluções. Outra compreensão fantástica desta metodologia é reconhecer a sabedoria que há em cada um e provocá-lo(a) a encontrar o seu próprio caminho.

Nesse contexto e considerando que você me fez a pergunta, com a sua permissão, deixo algumas reflexões para que você use toda a sabedoria que lhe habita e faça as melhores escolhas.

É absolutamente fácil dar solução aos outros e dizer o que fazer, como deve ser feito e por que fazer. É fácil e humano, porque esse comportamento nos afasta da resolução dos nossos conflitos internos, daquilo que habita em nós que incomoda, maltrata ou limita. Mas, como escolhemos nos ocupar do outro, vamos deixando isso de lado. Para mim, uma escolha diária é que eu viva uma mudança importante na minha vida, antes de querer que o outro mude. Como você pode fazer isso na sua história? O que você acha de aproveitar tudo que está neste texto, que fez sentido para você e colocar em prática na sua vida? Na primeira parte você já encontra orientações específicas que podem lhe guiar nesse exercício, que é uma escolha muito séria de reposicionamento.

A outra é uma inspiração do escritor Steven Pressfield no seu livro *A guerra da arte*. As lições e o conceito que ele apresenta sobre resistência podem apoiá-lo(a) no seu projeto de navegação. Vejam este belíssimo trecho de sua valorosa obra:

> A maioria de nós possui duas vidas. A vida que vivemos e a vida não-vivida que existe dentro de nós. Entre as duas, encontra-se a resistência.
> Você já levou para casa uma esteira ergométrica e deixou-a acumulando poeira no sótão? Já abandonou uma dieta, um curso de *yoga*, uma prática de meditação? Já se esquivou de um chamado para envolver-se numa prática espiritual, para dedicar-se a uma vocação humanitária, para consagrar a sua vida a serviços dos outros? Já quis ser mãe, médico, advogado dos fracos e desamparados? Concorrer a um cargo público, tomar parte numa cruzada para salvar o planeta, fazer campanha pela paz mundial ou pela preservação do meio ambiente? Tarde da noite, já experimentou uma visão da pessoa que você poderia se tornar, da obra que conseguiria realizar, do ser realizado que você deveria ser? Você é um escritor que não escreve, um pintor que não pinta, um empresário que nunca se aventurou em um empreendimento de risco? Então, você sabe o que é resistência.

Finalmente, o livro em suas mãos trata das mais variadas abordagens do *coaching* e do impacto positivo que ele gera na vida das pessoas e dos resultados comprovados que proporciona. Se você entender que essa é uma possibilidade para a sua trajetória e desejar contratar um *coach*, será uma honra apoiar o seu processo de crescimento, mudança e aperfeiçoamento pessoal ou empresarial.

Posto isso, a minha pergunta para você, que deixo como inspiração para alguns clientes na minha sala, é:
Qual a sua escolha? Você quer ser um barquinho no Dique do Tororó ou um transatlântico de águas intercontinentais?

As duas escolhas são válidas, só me permita lembrá-lo de que tanto um quanto o outro foram feitos para navegar. Se estão parados no porto ou à margem, algum problema há.

Felizes reflexões, felizes mudanças e maravilhosas navegações na sua vida, sejam elas quais forem.

Referências

BOSSIDY, Larry; CHARAN, Ram. *Execução: a disciplina para atingir resultados*. Rio de Janeiro: Elsevier, 2005.

COElHO, Paulo. *Primeiro a dar o exemplo*. Disponível em: <http://g1.globo.com/pop-arte/blog/paulo-coelho/post/primeiro-dar-o-exemplo.html>.Acesso em: 28 de out. de 2018.

PRESSFIELD, Steven. *A guerra da arte*. Rio de Janeiro: Ediouro, 2005.

13

Por que somos estressados com o trabalho?

Em um mundo com indústrias 4.0, os profissionais precisam mudar antes que seja preciso. As empresas buscam profissionais diferenciados, felizes e com qualidade de vida. Neste capítulo, você irá entender o que é preciso fazer de diferente para trocar o estresse por produtividade e felicidade. Com um conteúdo interessante e agradável, descubra o que é preciso fazer para potencializar a felicidade e diminuir o estresse de forma simples e prática. É um guia rápido de autoajuda ou para ajudar amigos e familiares estressados

Jaques Grinberg

Jaques Grinberg

Consultor de empresas, escritor e palestrante especializado em *coaching* de vendas. MBA em *marketing* na Fundace USP; gestão de pessoas no IBMEC; teatro executivo na FAAP; *coaching* na Sociedade Brasileira de Coaching (SBC). Certificado internacional em PNL; formação profissional em hipnose clínica pelo IBFH; técnicas de negociação pelo Dale Carnegie, entre outros diversos cursos de especialização. Conhecido nacionalmente por diversos artigos e matérias nos principais jornais do país, rádios e TV; destacou-se com a matéria de capa na revista Exame PME edição 40. Participou como convidado do programa PEGN da Globo e é caso de sucesso no *site* Sociedade de Negócios do banco Bradesco. Autor do *best-seller 84 perguntas que vendem*, publicado pela editora Literare Books com milhares de exemplares vendidos. Autor e coautor em outros diversos livros de vendas, *coaching*, liderança e empreendedorismo.

Contatos
www.jaquesgrinberg.com.br
www.queroresultados.com.br
www.imersaoemvendas.com.br

Já sabemos que muitos brasileiros estão estressados, aliás, o trabalho é considerado uma das principais causas. No trabalho, a sobrecarga de tarefas e a pressão por metas e prazos causam improdutividade e estresse nos profissionais. Parece estranho, mas a situação piora duas vezes. Alguns sinais físicos que podem identificar um conhecido estressado:

1º Insônia;
2º Doenças frequentes;
3º Cansaço constante;
4º Dores musculares constante ou tensão;
5º Dores de cabeça que podem levar a cefaleias.

Se dois ou mais sinais parecerem familiares, busque ajuda médica.
A saúde é tão importante que está prevista na Constituição Brasileira:

> **Art. 196 da Constituição Federal de 88**
> A saúde é direito de todos e dever do Estado, garantido mediante políticas sociais e econômicas que visem à redução do risco de doença e de outros agravos e ao acesso universal e igualitário às ações e serviços para sua promoção, proteção e recuperação.

Antigamente, a relação de trabalho mantinha foco na durabilidade. No período da Segunda Guerra Mundial e a década de 1970, as empresas tinham a expectativa de manter os funcionários por um longo período. Para as famílias, emprego bom era emprego em que os funcionários ficavam a vida toda. O termo "fazer carreira" era muito comentado nas empresas e nas casas durante o jantar.

Por volta dos anos 1980, mudanças começaram a surgir com demissões de funcionários, dando início aos processos de *downsizing* (termo em inglês que define um processo de reestruturação empresarial, com foco na redução de níveis hierárquicos e afetando diretamente os trabalhadores que ocupam cargos de gerência média).

A "segurança" profissional deixou de existir para as empresas e o sentimento de traição surgiu entre os funcionários, considerado por muitos escritores e estudiosos como "quebra" do contrato psicológico de trabalho. Em resumo, antigamente, as empresas investiam na qualificação dos funcionários visando a permanência duradoura. Com as mudanças, a qualificação tornou-se um dever dos funcionários. Rende e cresce profissionalmente quem aprende! Com a indústria 4.0, as empresas buscam funcionários com novo perfil e preparados para a quarta revolução industrial – fábrica digital. Com industriais informatizadas, robôs que fazem o trabalho de humanos e com profissionais mais capacitados, as indústrias 4.0 buscam agilidade, eficiência e redução de custos. A tendência é o aumento expressivo de pessoas com alta qualificação no mundo corporativo, potencializando as lideranças com foco em gestão de processos e de pessoas. O líder deverá gerenciar processos e orientar pessoas em busca de resultados extraordinários.

Pare e pense:
O que você pode fazer de diferente para maximizar os seus resultados e sem estresses nessa nova fase da indústria 4.0?

_____

_____

_____

A pergunta acima é uma pergunta poderosa de *coaching*, para você identificar e encontrar a melhor resposta.

Coaching é o processo que direciona o cliente a buscar novos caminhos e opções viáveis para aumentar os seus resultados, realizações, sonhos e conquistas. A base do processo de *coaching* são perguntas do *coach* para o *coachee*.

Existem diversos segmentos de *coaching*, os mais conhecidos são: de vida, liderança, carreira, financeiro e de vendas. O processo tem um começo e fim planejado, com duração aproximada de dez encontros semanais ou quinzenais com duração entre 90 e 120 minutos cada. No final de cada encontro, o cliente define as lições de casa conhecidas no processo de *coaching* como *to do* (termo em inglês). As lições de casa são o segredo para o sucesso do processo.

Desenvolver as perguntas certas é conduzir as pessoas para o sucesso do trabalho em equipe, mantendo todos motivados e proativos. Respondê-las é uma oportunidade para aumentar resultados ou entender os pontos que podem ser melhorados.

Sete *insights* para potencializar a sua carreira:

1ª Querer
O primeiro passo é querer. Se você quer, você pode! Falta de tempo e falta de capacidade são desculpas, temos medo do que ainda não aconteceu e, muitas vezes, não existe. Evoluir profissionalmente é uma conquista positiva que, além de um retorno financeiro, traz uma satisfação pessoal, uma realização pessoal fantástica. Acredite em você e no seu potencial! Arrisque e busque o seu sonho!
O que você pode fazer de diferente para maximizar o seu potencial e realizar os seus sonhos?

_____
_____
_____

2ª Saia da zona de conforto
Seja em tempos de crise ou não, ficar acomodado é a pior opção para a vida profissional e também pessoal. As pessoas gostam de pessoas alegres e com conteúdo. Procurar crescer e evoluir em todos os sentidos é uma questão de sobrevivência. Escolha apenas um motivo que faz de você uma pessoa acomodada.
Pode parecer difícil, mas todos estamos acomodados em algum aspecto, seja na vida pessoal ou profissional. Descobriu? Agora, escreva o que você precisa fazer de diferente para sair da zona de conforto e ser mais feliz e produtivo.

_____
_____
_____

3ª Qualificação
As mudanças acontecem rápido e precisamos acompanhá-las. A qualificação, por meio de cursos rápidos, imersão em vendas por exemplo, cursos de especialização ou apenas livros e palestras é necessária para a nossa sobrevivência no mundo corporativo. As empresas querem profissionais proativos que sabem o que querem e que buscam crescimento profissional sem esperar da empresa.
Quais os últimos quatro livros que você leu? Qual o último curso que você fez? Quantas palestras você participou nos últimos 12 meses? O que você pode fazer de diferente para maximizar o seu potencial e realizar os seus sonhos? Independentemente da sua

área ou cargo, aprender é necessário para render. Se você pudesse escolher um livro e um curso para começar imediatamente, quais seriam? O que te impede de ler este livro e fazer o curso escolhido?

_____
_____
_____

4ª Criatividade

As crianças são altamente criativas, questionam e perguntam tudo. Crescemos e deixamos de ser criativos, temos vergonha de perguntar e descobrir coisas novas. Qual foi a última vez que você fez um trajeto diferente para voltar para casa? Experimentou um restaurante novo? Frequentou um lugar novo que nunca imaginaria conhecer? Para aumentar a criatividade é preciso buscar novidades, quanto mais inusitada for, maior será o seu potencial para inovar.

A criatividade existe dentro de nós, basta acessá-la. Escreva nas linhas abaixo algo inusitado que você gostaria de fazer, mas nunca fez por vergonha ou medo. Escreva qualquer coisa que seja possível realizar e que não prejudique terceiros. Deixe a sua criatividade fluir, simplesmente escreva:

_____
_____
_____

5ª Faça diferente

Ninguém gosta da rotina, todos os dias as mesmas coisas. Inovar no modo de fazer a mesma coisa é o começo. É preciso criatividade e inovação para fazer a mesma coisa de formas diferentes. As pessoas gostam de estar ao lado de pessoas diferentes.

Dentro das suas regras e das regras da empresa que você trabalha ou deseja trabalhar, o que você pode fazer de diferente para ser mais feliz, menos estressado e se destacar como profissional?

_____
_____
_____

6ª Seja 360º

As empresas buscam profissionais com visão 360º, com visão ampla. A era do técnico que só sabe ser técnico acabou. A geração Y está mudando, já mudou o modo de trabalhar. Eles querem participar das decisões e colocar a "mão na massa" ao mesmo tempo. As empresas querem líderes que ajudam os colegas a carregarem caixas e técnicos que contribuem no pós-vendas com um excelente atendimento aos clientes.

Você tem conhecimento 360º da sua empresa? O que você pode fazer para ter um conhecimento amplo e se destacar como profissional?

_____
_____
_____

7ª Motivação intrínseca

Como o nome já diz, é a nossa motivação interna. Acordar todos os dias motivado é essencial para ser mais criativo e inovador. A motivação gera confiança e segurança para potencializarmos os nossos resultados. Experimente chegar no escritório de uma forma alegre e cumprimentar os colegas desejando um ótimo dia! Quando encontrar um colega desanimado, diga: "Independentemente se aconteceu algo ou não, se precisar de qualquer coisa que eu possa ajudar, pode contar comigo!". Muitos dizem: "Nossa, como você está desanimado, se precisar de algo é só falar...". Com essa frase, a pessoa não estava desanimada, mas pode ficar. Só motiva e ajuda quem está motivado, é preciso primeiro cuidar de cada um de nós, para depois cuidar dos outros.

Todos os dias acordamos querendo mudar o mundo e ajudar pessoas. Esquecemos da pessoa mais importante: nós. O que te faz acordar todos os dias motivado e preparado para enfrentar os desafios do dia a dia?

_____
_____
_____

Para finalizar, aprender a administrar o seu tempo é questão de sobrevivência. Conheça e aplique oito dicas para administrá-lo com eficiência:

1. Autoavaliação do seu tempo e das suas atividades diárias. Faça uma lista por prioridades. A lista pode e deve ser atualizada sempre que for preciso. Tenha uma agenda no celular, computador ou de papel para ajudar na organização das suas atividades e não esqueça de incluir intervalos de descanso.

2. Sinalizar ao lado de cada atividade diária os possíveis problemas que podem acontecer e quanto tempo será necessário para resolvê-los se aparecerem.
3. Cuidado com os *e-mails* profissionais e também pessoais. Se receber uma mensagem importante, avalie a possibilidade de respondê-la por telefone ou pessoalmente. Uma resposta por *e-mail* de um assunto importante pode gerar até sete novas mensagens e, ao responder por telefone ou pessoalmente, o assunto é resolvido. Defina dois ou no máximo três momentos por dia para acessar os seus *e-mails*, exceto se, profissionalmente, você dependa deles o tempo todo.
4. Reuniões, prepare-se! Estude o assunto com antecedência e prepare para as possíveis discussões. O organizador da reunião pode incluir no convite a pauta (assuntos que serão abordados), nome dos participantes, hora início e previsão de término. E, ainda, em no máximo duas linhas explicar o foco e objetivo da reunião.
5. Tempo ocioso, antecipe atividades do dia ou dos próximos dias;
6. Gerencie o estresse. Não deixe problemas externos ou internos afetarem o seu rendimento.
7. Atividades e/ou assuntos novos, sempre que possível, resolva imediatamente. Principalmente quando envolver terceiros e sequência no processo.
8. Se receber mais tarefas do que é possível cumprir, converse com o chefe e peça as prioridades. Explique que não será possível finalizar tudo dentro do prazo solicitado.

Pare e pense:
• O que você mais gostou neste capítulo?
• Como e quando você irá começar a mudar para potencializar os seus resultados?
• O que fazer de diferente para diminuir o estresse e maximizar a felicidade?
• Por qual motivo você merece alcançar todos os seus objetivos, sonhos e metas?
• O estresse no trabalho é causado por alguma insatisfação. A decisão de ter ou ser estressado é de cada um. Sabemos que ninguém quer ser estressado, e por esse motivo, o que você pode fazer de diferente para eliminar o estresse?

14

Coaching de carreira

Meu objetivo é relatar um pouco de minha experiência e, dessa forma, contribuir com o desenvolvimento de carreira dos jovens e experientes profissionais que, diariamente, são inseridos e acomodados no mercado corporativo

Joel Genaro

Joel Genaro

Graduado em tecnologia da informação, pós-graduado em gestão de negócios em serviços (Mackenzie). MBA em gestão empresarial pela Fundação Getulio Vargas; especialização em gestão de projetos (Sebrae). Formado e certificado em *professional & executive coaching*; DISC (perfil comportamental); ASSESS (mapeamento de competências); Sociedade Latino Americana de Coaching. ITIL e COBIT. Vasta experiência em gestão de projetos, adquirida e desenvolvida em negociações de assuntos estratégicos e comerciais internacionais. Sólida carreira na área de serviços, operações e vendas. Profunda experiência em *outsourcing* e *insourcing* para empresas de pequeno, médio e grande porte em diversos segmentos. Gestão em projetos globais de alta criticidade na América Latina, Estados Unidos, Canadá, EMEA, África e Ásia. Especialista certificado na condução de processos de *coaching* de carreira, orientação vocacional e de carreira, *assessment*, palestras, consultoria e treinamentos.

Contatos
www.4champions.com.br
joel.genaro@4champions.com.br
(11) 94194-0080

Quando se fala em desenvolvimento de carreira entramos num campo minado, pois podemos entrar em várias vertentes. Isso é um risco, pois o *coaching* está diretamente associado à eficiência e eficácia, objetivando sempre minimizar riscos e ganhar tempo. O *coaching* de carreira tem como premissa, o desenvolvimento ou escolha profissional dos *coachees*, mas o que é *coachee*? Coachee é o indivíduo que busca um suporte operacional para atingir a sua meta. E se o *coachee* não tiver a sua meta lapidada seria um problema?

Logicamente não! Em qualquer caso existem várias oportunidades de trabalho, definição de objetivos, busca por novas oportunidades profissionais dentro ou fora da empresa em que o *coachee* estiver, entre outras decisões que impactam no campo profissional.

O público *target* desse tipo de *coaching* vai desde os jovens iniciantes até os profissionais com grande bagagem e experiência corporativa. Por que buscar suporte nas ferramentas do *coaching*? Na visão do *coach*, a busca pelo processo inicia pela necessidade de atingir algum resultado não alcançado previamente pelo *coachee* e, na maioria dos casos (visão do *coachee*), tal busca ocorre pela necessidade de corrigir algo no percurso ou para definir um plano estratégico de forma planejada para atingir dado objetivo. Quais ferramentas utilizar? Para cada perfil existe uma maneira assertiva de facilitar o alcance da meta, não existe receita de bolo, experiência é tudo, desde que embasada no profundo conhecimento de ferramentas tais como: matriz de perdas e ganhos, metodologia SWOT, roda da vida, quebra de crenças, meta SMART, etc.

O foco é auxiliar o cliente a assimilar como será conduzido o processo de mudança em sua vida profissional, bem como trabalhar as consequências de suas decisões no futuro a curto, médio e longo prazo.

Cabe ressaltar que o sucesso ou fracasso do alcance da meta é fruto do empenho do *coachee* ao invés do *coach*, sem a dedicação e engajamento do *coachee* nada será conquistado. Trabalhamos com base no estado atual e no estado desejado dos clientes, estabelecendo metas bem específicas e assertivas, ou seja, onde "eu" estou e onde "eu" desejo chegar. Entre outras palavras, por meio das dificuldades que os *coachees* apresentarem, desenvolveremos, por meio do autoconhecimento, as competências comportamentais necessárias para o alcance do objetivo final, transformando sempre a dificuldade em uma oportunidade. Dessa forma, o *coachee* conseguirá trabalhar com alta *performance* e produtividade sem os entraves que o impossibilitavam de crescer profissionalmente anteriormente maximizando a possibilidade de sucesso e felicidade do profissional. O ponto de partida do *coaching* de carreira é desenvolver habilidades e competências comportamentais e para isso, você precisa necessariamente seguir algumas etapas:

1) Definição de metas/objetivos:
Entender com o seu cliente qual é o seu objetivo profissional, pois quem não sabe aonde quer chegar, qualquer lugar serve! Correto? E o meu papel é ajudar os *coachees* a terem metas muito claras, definidas e objetivas. Essa etapa é extremamente importante para o sucesso de um processo de *coaching* e posso garantir que num grande número de casos essa meta pode mudar no meio do caminho.

Vocês devem estar se perguntando: como assim a meta muda?

Pois é, pode mudar sim, pois na medida que você vai trabalhando e se aprofundando no objetivo final, os *coachees* percebem que não é bem isso que eles queriam ou que uma nova prioridade surgiu ou que a prioridade é outra. Muitas vezes, já temos a resposta de algo que buscamos, mas, a partir do momento que materializamos isso no papel, a visibilidade e assimilação da informação tende a se transformar.

E, fiquem tranquilos, não há problema algum da meta mudar!!! O que importa, na verdade, é acelerar os resultados e fazer com que o seu cliente tenha ciência de sua meta final, é fundamental ter insumos para analisar, de fato, se o resultado foi atingido, tudo tem que ser mensurado e documentado. Um caso interessante para compartilhar com vocês, durante a minha formação de *coach*, ouvi muitas vezes que o *coach* é "amigo da meta" e não do *coachee*. Hoje, com a minha experiência, e comprovado em meus atendimentos, tenho bagagem para discordar dessa equivocada afirmação! Na minha opinião, o *coach* é "amigo" da meta e muito mais "amigo" da felicidade dos seus *coachees*. Parto da seguinte equação:

2) Autoconhecimento:
O segundo passo é promover o autoconhecimento do cliente. Eu, particularmente, utilizo duas metodologias de testes de personalidade, mas também me baseio muito em minhas percepções durante as sessões.

Normalmente, a pessoa tem ciência de seu perfil, o que ela não sabe é como aproveitar o máximo de seu potencial para o desenvolvimento de sua carreira.

Ou seja, com base no perfil, qual a profissão x empresa que tem mais aderência aos respectivos objetivos?

Esse segundo tópico é realmente rico em informações para o bom andamento do processo de *coaching*.

E eu garanto que, sem dúvida, dará insumos para todas as reflexões dos *coachees*.

Outro fato interessante, é que as pessoas acabam se "prendendo" a querer desenvolver os seus pontos fracos.

A minha proposta de trabalho é justamente ressaltar os pontos positivos! Pois, dessa forma, você acaba facilitando o entendimento do *coachee* e atinge, de forma muito mais efetiva, os resultados esperados.

Costumo dar *feedback* sobre o perfil de personalidade de cada profissional que me procura, detalhando ponto a ponto, até que a pessoa tenha total ciência de como funciona a sua personalidade x como ela quer ser vista x como as pessoas a veem.

Nesse momento, fica muito perceptível o quanto de energia as pessoas gastam tentando usar máscaras e mostrar um perfil diferente de sua essência.

Eu sempre digo, nunca mude a sua essência, apenas lapide os seus comportamentos. O que você possui de mais acentuado, normalmente, está associado a fortalezas, basta mensurar o melhor momento de mostrar e aplicar as suas principais habilidades.

Quando você tenta agir fora de sua essência o desgaste energético e emocional é muito grande, ocasionando estresse e, na maioria das vezes, problemas de saúde física.

O que é desgaste energético? Desgaste energético é o estorço empregado pelo *coachee* em demonstrar algo diferente do que ele é, quase sempre com o foco de querer agradar ou não chatear alguém ao seu redor.

Costumo fazer também um paralelo com a metafísica da saúde, provando a meus clientes que suas emoções e "máscaras" acabam realmente afetando a sua saúde, aliás, não tenha dúvidas disso.

A partir da definição do perfil x carreira do profissional, elaboramos o plano de ação para o desenvolvimento das competências necessárias.

3) Equilíbrio da vida profissional X vida pessoal

Esse tema é fundamental quando se inicia um trabalho de *coaching* de carreira. Normalmente, as pessoas não têm ideia de como conseguir equilibrar a vida pessoal x profissional, aliás, em grande parte dos atendimentos, os clientes não têm a visão de que uma coisa afeta diretamente a outra.

Essa equação é realmente complexa e o *coachee* acaba, na maioria das vezes, percebendo que é necessário realizar mudanças em sua rotina para ter satisfação plena e crescente em todos os campos de sua vida.

Hoje em dia, se tem ciência de que não existe aquela frase: deixe em casa os problemas de casa e, no trabalho, deixe os problemas do trabalho.

Na verdade, somos seres humanos e acabamos nos influenciando por problemas, sejam de ordem pessoal ou profissional.

"Não existe a figura apenas profissional ou apenas pessoal.

Posso afirmar que somos únicos e as nossas atitudes e/ou sentimentos acabam afetando outras áreas e pessoas ao nosso redor, certamente, a nossa saúde emocional sofrerá danos. Tenho visto que quando se percebe uma "sobrecarga" em determinada área de sua vida, automaticamente acaba afetando as demais áreas que sofrem os efeitos "cascata".

Vale ressaltar que, em muitos dos meus atendimentos, acabamos percebendo que existe um grande conflito nesse equilibro. Nesse sentido, o processo de *coaching* tem como objetivo promover uma reflexão de todos os aspectos de sua vida, incrementando os resultados e desenvolvendo junto com o *coachee* novas alternativas para potencializar as suas conquistas.

4) Quebra de crenças limitantes

Durante todo o processo de *coaching* nos depararemos com crenças limitantes. E, em palavras bem simples, o que significa isso?

Se formos buscar o significado no dicionário: ação de crer na verdade ou na possibilidade de uma coisa. Fé e convicção.

Ou seja, desde a nossa infância vamos recebendo informações e vivências que vão formando os nossos valores e crenças, sofremos influência de nossos pais, escola, sociedade, amigos etc.

Muitas de nossas crenças, que podem ser positivas ou limitantes, são instaladas em nossa mente, via de regra, até os sete anos de idade.

E com o nosso amadurecimento, modificamos ou não algumas dessas crenças armazenadas em nós.

Normalmente, as nossas crenças nos orientam a forma de ver o mundo e como devemos interpretar as situações, definindo os nossos padrões de comportamento.

Durante o processo de *coaching*, podemos identificar quais crenças estão sendo positivas na vida do profissional e quais crenças estão limitando.

Para as crenças negativas e/ou limitantes, utilizamos ferramentas que resinificam a forma de "ver o mundo". Ou seja, podemos fazer uma reprogramação mental.

Percebo que, nesse ponto, a minha experiência com programação neurolinguística ajuda muito e "encurta" os caminhos, utilizando diferentes técnicas e ferramentas para que meu *coachee* atinja seus resultados com êxito. Normalmente, sugiro algumas reflexões:
Qual a crença que limita sua vida?
De onde vem essa crença?
Com quem aprendi isso?
O que te impede de mudar?
Quais os frutos positivos e negativos em função dessa crença?

Importante ressaltar que os profissionais, aqui, percebem que as suas crenças são infundadas, mas como mudá-las?

Pela minha experiência, se não provocarmos um "impacto no emocional", não saímos do lugar.

Proponho, então, reflexões, tais como:

1) Se eu continuar a ter essa crença/comportamento, quais os prejuízos que terei em minha vida profissional e pessoal?

2) O que vai acontecer comigo no médio prazo, se eu não mudar o meu padrão mental?

Quando a pessoa percebe que terá mais perdas do que ganhos em sua vida, acaba vendo quanto tempo perdeu utilizando apenas essa experiência do passado, para mudar o seu presente e futuro.

5) Execução do plano de ação

Essa etapa é primordial para o sucesso de nosso processo de *coaching*.

Em primeiro lugar, deixo o meu *coachee* fazer uma livre associação de tudo o que planeja executar para atingir o seu objetivo.

Listamos tudo, passo a passo.

Depois, proponho que ele reflita os motivos do porquê não tinha colocado tudo isso em prática antes e, após a tomada de consciência dos fatores que o limitaram, definimos as prioridades, prazos e necessidades.

Costumo fazer algumas perguntas para que o resultado realmente seja efetivo:

1) Depois de ver todo o seu plano no papel, me diga de 0 a 10, o quanto você se sente pronto para tirar tudo isso do papel?
2) Que obstáculos poderá enfrentar na execução?
3) Como pensa em minimizar os riscos de alguma ação não atingir o resultado que espera?

Todo esse processo de elaboração do plano é importante, pois é justamente aqui que os profissionais se autossabotam.

Percebo várias formas de sabotagem:
1) Elaboração de planos totalmente inviáveis;
2) Procrastinação;
3) Dificuldade em colocar o plano em prática.

Sendo assim, desenvolvi um método com os meus clientes, para elaborar e monitorar o plano de ação.

Nessa fase, vale utilizar todas as ferramentas que dispomos, seja lembretes no calendário, *softwares* gratuitos de planejamento, alarmes no celular, agenda de papel etc. O importante é que a execução seja acompanhada a cada sessão e os motivos de não execução sejam muito bem investigados, pois aqui é onde percebemos e devemos atuar de forma incisiva com as crenças limitantes.

Conclusão

O *coaching* de carreira visa o autoconhecimento e a identificação de novas possibilidades de carreira alinhadas aos seus valores, crenças e objetivos pessoais e profissionais.

Essa ferramenta vem sendo um grande aliado dos profissionais, no planejamento de vida e na definição assertiva de suas ações, detalhamos abaixo algumas das inúmeras vantagens que o *coaching* de Carreira proporciona. Se você sabe o que fazer, mas ainda não obteve o resultado esperado, significa que algo no seu planejamento deve ser revisto e nada mais aconselhável do que buscar uma ajuda profissional.

Vantagens:
• Aumento da produtividade, *performance* profissional e satisfação com o trabalho;
• Desenvolvimento de competências comportamentais;
• Redução dos níveis de *stress*;
• Equilíbrio entre a vida profissional x pessoal;
• Aumento da autoestima e autoconfiança.

15

A era digital e a experiência do cliente ampliada

Uma abordagem de novas competências essenciais na era digital, para gerar vantagens compctitivas, retorno de investimentos, retenção de clientes e o reconhecimento de marcas e empresas

José Roberto Cavalcante Filho

José Roberto Cavalcante Filho

CEO da Itprofile Soluções Empresariais; bacharel em tecnologia da informação; MBA em gestão empresarial pela FGV. Membro da Sociedade Brasileira de Coaching. Consultor e palestrante em gestão empresarial e TI . PMO de projetos nacionais e internacionais nas áreas de ERP, MES, CRM, BI, APS com ênfase na indústria 4.0. *Managing director* da Fotini Systems no Brasil, representando com exclusividade o ERP Glovia G2 da Fujitsu Glovia inc.

Contatos
www.itprofile.com.br
jroberto@itprofile.com.br
(11) 2668-8258

A era digital já é uma realidade, afinal, mais da metade da população do mundo está conectada à *Internet* – e a perspectiva é de um crescimento ainda maior e cada vez mais rápido desse número. Isso ocorre devido as tecnologias exponenciais e o aumento da popularização presente na *Internet*, influenciando também, de forma exponencial, as relações sociais, políticas e econômicas, tornando-se parte do dia a dia das pessoas.

A Internet deu um grande salto a partir dos anos 90, quando os computadores passaram a ser acessíveis ao consumidor final. Essa popularização, iniciada nos Estados Unidos, deu início à revolução digital, que modificou definitivamente a sociedade e a forma como nos comunicamos e realizamos negócios.

A era digital, além de novas tecnologias de automação e inteligência artificial, é caracterizada por mudanças mais significativas, como a integração do meio físico, digital e das pessoas por meio da análise preditiva para a tomada de decisão.

A interação acima gera uma quantidade enorme de informações capazes de:

(1) Personalizar e ampliar as experiências dos clientes/usuários;

(2) Tornar os processos ágeis delegando atividades para máquinas, *softwares* e pessoas;

(3) Ensinar as máquinas a agirem e a reagirem aos eventos externos automaticamente;

(4) Mitigar as falhas humanas com a ajuda da capacidade computacional lógica;

(5) Otimizar custos, pontualidade, prazos internos e externos;

(6) Ampliar a experiência dos parceiros de negócios por meio da mobilidade corporativa.

Essa integração só é possível por conta da habilidade adquirida pelas máquinas e por dispositivos que se conectam e trocam informações automaticamente, sem a necessidade de um acompanhamento humano constante.

As tecnologias mudaram os nossos hábitos sociais e de consumo. Essas mudanças possibilitaram uma transformação tamanha, que a experiência do cliente vem deixando de ser apenas uma tendência, para se tornar indispensável no planejamento de qualquer negócio e porte de empresa.

No meio dessas relações estão as transações comerciais e outras negociações envolvendo bens e serviços, exigindo que as empresas passem por uma transformação digital para atuar com propriedade na era da experiência do cliente.

Assim, não só os usuários se tornaram parte da tecnologia, interagindo e alimentando os dispositivos com informações ininterruptamente, como as máquinas tornaram-se usuárias, trocando essas informações entre si e aprendendo umas com as outras – é a chamada Internet das coisas.

A experiência do cliente ampliada

A experiência do cliente, ou *customer experience* (CX, em inglês), do lado do consumidor é a relação que o cliente tem com uma marca. Do lado da empresa é uma estratégia para ampliar a experiência do consumidor por meio de uma jornada de compra memorável, e despertar as emoções positivas de quem a vivencia, a fim de torná-la cada vez melhor. Assim nasce o novo profissional dedicado a essa área, o "gerente de *customer experience*".

A primeira competência comercial e empresarial exigida nesse contexto é saber como utilizar os resultados das experiências do cliente, agrupando, classificando e reagindo. Por meio desse processo, tomar decisões/ações que gerem não só satisfação, mas sempre um novo diferencial claramente percebido pelo cliente.

Investir na ampliação da experiência do cliente, além das vantagens competitivas, gera retorno de investimentos, retenção de clientes e o reconhecimento da marca. Clientes satisfeitos com todas as etapas do processo (atendimento, captação, comunicação, usabilidade dos produtos, pontualidade na entrega e pós-venda) recomendam as marcas e empresas que oferecem uma experiência ampliada para amigos e familiares.

Em média, cerca de 58% dos consumidores nunca voltam a usar os serviços de uma empresa, depois de uma experiência negativa, enquanto 69% recomendam a marca ou a empresa para amigos, após uma experiência de atendimento positiva.

A experiência do cliente está diretamente ligada à percepção que as pessoas têm da marca e da empresa. A percepção é o resultado da otimização de digitalização/simplificação de todos os processos de negócio com foco na diferenciação do cliente, ou seja, uma relação além da comercial, que deve envolver todas áreas da empresa - do desenvolvimento e pesquisa, até a logística.

Além de criar relações bem-sucedidas com os clientes, impactando as suas memórias afetivas, a empresa promove e fortalece o engajamento da sua marca, o que não deixa de ser uma excelente estratégia de *marketing*.

Marketing digital: uma nova competência para atrair mais consumidores

O *marketing* digital é uma estratégia aplicada e adaptada à Internet e aos dispositivos móveis, cada vez mais utilizados por pessoas de todas as faixas etárias. É também um conjunto de atividades de *marketing* para atrair mais consumidores, se comunicar com eles, criar um relacionamento mais próximo e, principalmente, construir uma identidade de peso com a marca no mercado.

Com a Internet, maior fonte de informações do mundo, as empresas de todo porte e segmento estão investindo cada vez mais em *marketing* digital e de conteúdo. O grande desafio é: entregar a mensagem certa para a público certo, na hora certa.

O *marketing* digital deve possibilitar a comunicação de forma bilateral, criando uma relação de confiança entre o consumidor e a marca/empresa. Para isso, é necessário investir em novas competências, profissionais qualificados e ferramentas adequadas, a fim de otimizar *websites*, criar conteúdos digitais relevantes, ampliar a visibilidade das páginas em mídias sociais como: WhatsApp, YouTube, Instagram, Twitter, LinkedIn, Pinterest, Google+, entre outros.

O papel do *marketing* digital é romper as barreiras e objeções, transmitindo confiança ao consumidor em relação à marca e à empresa, passando a mensagem de forma clara que, por trás do computador, existem profissionais eficientes e engajados para entregar ao cliente o melhor produto ou serviço, com a melhor experiência de compra.

Portanto, a empresa que possui um excelente relacionamento pela Internet terá muito mais oportunidades de se engajar com o seu público alvo, ganhar a sua confiança e ampliar a sua reputação.

Toda essa agilidade e praticidade na comunicação proporcionada pela Internet exige que as empresas possuam canais de comunicação ágeis e eficientes, a fim de auxiliar na resolução de eventuais problemas que o consumidor ou a empresa possam encontrar.

Ao mesmo tempo em que a Internet amplia, viraliza e aumenta as vendas de uma empresa, ela também pode destruir toda uma reputação em virtude de uma falha na comunicação com o consumidor e a falta do planejamento estratégico em *marketing* digital. Sem o planejamento, a empresa navegará sem bússola, e os resultados serão catastróficos.

Para mitigar esse cenário, as empresas estão desenvolvendo novas competência e contratando profissionais que possam desenvolver o próprio *marketing* digital da empresa, reduzindo, assim, o custo que teriam com a terceirização desse serviço. Além disso, criando uma cultura de *marketing online* própria. Empregando, dentre inúmeras ferramentas disponíveis no mercado, o SEO – Otimização de sites para ferramentas de busca.

SEO é o acrônimo para a expressão em inglês *search engine optimization*, otimização para ferramentas de busca, um conjunto de técnicas que visa colocar as páginas de um *site* em posições de destaque nas páginas de respostas dos grandes buscadores como o Google, Bing e Yahoo.

Outra estratégia de comunicação com o consumidor é empregar as duas metodologias de *marketing*: "*inbound*" e "*outbound*".

O *outbound* trabalha com a comunicação direta, com anúncio no meio da leitura de uma revista/artigo, no intervalo comercial do YouTube e o *pop up* pulando diante do seu *browser*, por exemplo. O *outbound* fala diretamente com o consumidor, gerando um contato amplo e em massa que permite que um grande público seja atingido por suas estratégias de *marketing*.

O *inbound marketing* oferece um contato mais indireto. Ele trabalha com a ideia de estar preparado para quando o consumidor procurar por você, principalmente na *Internet*, com o uso de conteúdo atrativo. Hoje, 93% dos processos de compra começam com uma busca na *Internet*. É aqui que você precisa estar preparado e aparecer nos resultados de busca com o conteúdo certo, e o SEO pode ajudar muito.

Análise preditiva: como se relaciona com o *marketing* e contribui na tomada de decisões das empresas

O termo "análise preditiva" não é novo, porém, com o avanço e a integração da tecnologia à gestão dos negócios, essa técnica tem sido cada vez mais utilizada pelas empresas para evitar risco e impactos financeiros resultantes dos cenários mercadológicos dinâmicos e instáveis.

A análise preditiva tem o objetivo de prever cenários futuros ao aplicar técnicas estatísticas, probabilidade e a mineração de dados, para assegurar que os gestores tomem decisões com base nas projeções de cenários mais acurados, mitigando riscos e perpetuando o negócio da empresa.

Vivemos a era da informação, em que os dados estão em toda a parte, e acessíveis em qualquer lugar. Dessa forma, o grande desafio das empresas é como organizar esse volume exponencial de dados para identificar e compreender a necessidade do mercado de atuação, e o perfil e as mudanças de comportamentos dos clientes e potenciais compradores.

Assim, a análise preditiva possui algumas características principais:
(1) Identificar tendências de cenários futuros;
(2) Mapear comportamentos do público-alvo;
(3) Entender as reais necessidades do mercado/cliente;
(4) Promover a tomada de decisões com base em dados confiáveis;
(5) Monitorar o desempenho do negócio por meio de ferramentas de *business intelligence* (BI), *business analytics* (BA).

A projeção de cenários com base dos dados é realizada por meio de *machine learning*, ou seja, aprendizado da máquina, que utiliza algoritmo para efetuar cálculos estatísticos para traçar prognósticos. Dessa forma, permite auxiliar a previsão do futuro a partir dos padrões realizados no passado, utilizando dados históricos, pois há problemas que permanecem não resolvidos ao longo do tempo e, fatalmente, podem se repetir se o cenário continua o mesmo, exigindo das e empresas novas competências e um novo perfil profissional, o "cientista de dados".

Design thinking: uma nova competência exigida pela inovação

O *design thinking* não é uma metodologia, é uma abordagem que busca a solução de problemas de forma coletiva e colaborativa, em uma perspectiva abrangente com seus *stakeholders* (interessados): as pessoas são colocadas no centro de desenvolvimento do produto – não somente o consumidor final, mas todos os envolvidos na ideia – equipes multidisciplinares são comuns nesse conceito.

O processo consiste em mapear e mesclar a experiência cultural, a visão de mundo e os processos inseridos na vida dos indivíduos, no intuito de obter uma visão mais completa na solução de problemas e, dessa forma, melhor identificar as barreiras e gerar alternativas viáveis para transpô-las. Não parte de padrões ou modelos matemáticos, a base do levantamento são as reais necessidades do consumidor; uma abordagem preponderantemente "humana" e que pode ser empregada em qualquer área de negócio.

Tradicionalmente, consideramos o *design thinking*, colocando o humano no centro de um projeto ou proposição de valor, decifrando o que as pessoas realmente querem, mas não conseguem expressar. O *design thinking* foi o primeiro passo visível da transformação do *design*, movendo do conceito subjetivo do *designer* individual a um modelo de engajamento empático, alavancando uma abordagem social participativa e múltiplos pontos de vista. As empresas utilizam o *design thinking* para identificar uma oportunidade de mercado e criar uma solução que ofereça valor aos clientes. Isso é um avanço para projetar produtos melhores com identidade clara, com eficiência e utilidades bem definidas. Porém, o mundo e o *design* têm, rapidamente, mudado para aspectos mais amplos e holísticos, atacando sistemas complexos e considerando todo o ecossistema tecnológico e de serviços, definindo com os usuários uma experiência única e contínua.

Esse domínio mais amplo do *experience thinking* abrange um novo escopo e competência para os *designers*, indo além das funções e aproveitando o poder emotivo da experiência do consumidor. Eles elaboram cenários futuros e constroem protótipos 3D em tempo real, utilizam tecnologias imersivas, universos virtuais e desenvolvem modelos mestres digitais 3D com informações integradas. *Designers* estão adquirindo habilidades para acessar novas informações, incluindo conhecimentos reunidos de estudos, mas também uma grande variedade de dados capturados por sensores. Esses dados, combinados, sociais e científicos, fornecem um novo material para a criatividade.

A apropriação desse conceito e sua aplicação no mundo dos negócios tem a ver com inovação. A percepção do *designer* do mundo e pessoas ao redor é o que gestores buscam como forma de expandir horizontes na hora de criar projetos e executar tarefas, chamando essa abordagem de *design thinking*.

A razão de sua existência é a satisfação do cliente (interno ou externo), dádiva que só pode ser alcançada quando conhecemos em profundidade as suas necessidades, desejos e percepções de mundo.

Com os novos desafios da era digital, gestores das mais diversas áreas passam a ter que desenvolver competências para transformar as suas organizações. A transformação digital envolve uma mudança na liderança, um pensamento diferente, o encorajamento da inovação e de novos modelos de negócios, incorporando a digitalização de ativos e um aumento de uso de tecnologia para melhorar a experiência dos funcionários, clientes, fornecedores, parceiros e partes interessadas da sua organização (MARCONDES, 2007).

16

Uma página para reinventar a carreira

Ao refletirmos sobre as mudanças que vêm ocorrendo no mundo, fica claro que as tendências contemporâneas dão espaço a novos desafios para os indivíduos que querem reinventar-se profissionalmente. Neste caso, o profissional de *coach* deve estar atento às ferramentas que apoiem efetivamente na carreira de seus clientes. Uma ferramenta que contribui para isso é o *Business model you* – O modelo de negócios pessoal

Juliano Merlugo

Juliano Merlugo

Personal & professional coach certificado pela Sociedade Brasileira de Coaching (SBC). Graduado em gestão de recursos humanos pela UNISINOS. Pós-graduado em gestão estratégica e inovação (UNILASALLE); e docência no ensino superior pelo SENAC São Paulo. Mestrando em memória social e bens culturais pela Universidade La Salle. Qualificado pela HRTools para utilização dos instrumentos DISC® e inteligência emocional (IE). Possui mais de 15 anos de experiência na área de gestão de pessoas, atuando em empresas nacionais e multinacionais de pequeno, médio e grande porte, com ênfase nos subsistemas de capacitação e desenvolvimento, carreira, avaliação de *performance* e aquisição de talentos. Atua como professor visitante no MBA em gestão de pessoas na UNISINOS e coautor do livro *Novo manual de coaching*.

Contatos
juliano.merlugo@gmail.com
Skype: juliano.merlugo
(51) 99824-4810

Ao refletirmos sobre as mudanças que vêm ocorrendo no mundo ao longo dos anos, fica claro que a todo o momento somos afetados, tanto nos papeis de indivíduos, quanto de consumidores e cidadãos. As transformações que ocorrem de forma acelerada nos trazem alguns questionamentos: as máquinas substituirão o trabalho humano? A Internet será o elo com tudo que permeia nossas vidas? Nossas relações predominarão, de fato, virtuais e artificiais? Poderíamos levantar uma série de outras perguntas que nos faria pensar sobre as diversas inovações disruptivas dos últimos anos, dentre elas, o fim do emprego estável.

É interessante, aliás, compreender que as tendências contemporâneas trazem o fim das carreiras organizacionais, dando espaço para as chamadas carreiras sem fronteiras, nas quais se prevê o desenvolvimento de uma relação independente entre organização e indivíduo, assim como uma mobilidade profissional. Além disso, vale considerar a chamada carreira proteana, a qual foca as questões relacionais e transacionais. Mesmo assim, não parece haver razão para discordar que o tema está cada vez mais sendo discutido por grandes empresas e profissionais da área de gestão de pessoas. É sinal de que há, enfim, um novo desafio para os indivíduos que querem reinventar sua carreira.

Conforme se sabe, o processo de *coaching* resume-se em um contrato estabelecido entre *coach* e *coachee* para o alcance de resultados, que envolve um processo que visa transformações positivas e de longo prazo. Trata-se de uma oportunidade de visualização nítida de questões pessoais e/ou profissionais, para que as pessoas possam conhecer e atingir seu potencial máximo, desenvolvendo novas habilidades e competências, para que, assim, atinjam seus objetivos (FOCHESATTO, 2012). Com essa definição, fica fácil entender que o conceito de *coaching* de carreira transpõe um processo ordenado de cooperação, no qual o *coach* facilita a aprendizagem do seu *coachee* de forma autodirigida, promovendo o crescimento pessoal e o alcance de metas do seu plano de sua carreira.

É importante ressaltar a afirmação trazida por Souto (2015), que comenta que "não podemos mais pensar em emprego para a vida toda". Segundo o consultor, uma parcela da população será empregada formalmente, mas outra parte migrará para outras formas de trabalho, que inclui trabalhar *part-time*, dar aula, ser sócio de uma empresa, prestar consultoria ou qualquer outra forma de produzir na economia não sendo empregado. Também parece aceitável que devemos pensar além do emprego formal e estarmos preparados para construir formas de gerar renda e lidar com todas as mudanças antes mencionadas.

Sob essa ótica, ganha particular relevância a contribuição do processo de *coaching* e suas poderosas ferramentas, para que o indivíduo consiga se enxergar dentro dos novos modelos de negócios, compreendendo como eles alteram o seu local de trabalho, pensando para definir, melhorar e ampliar a sua própria carreira.

O modelo de negócios pessoal e o processo de *coaching*

O profissional de *coaching* deve estar atento às ferramentas existentes no mercado, que contribuam efetivamente na carreira de seus clientes. Com isso, não se trata somente de considerar uma transição do estado A para um estado B nesse cenário de mudanças, mas, sim, de trabalhar fortemente no conjunto de ações necessárias que associem essa transição com base na autorrealização do *coachee*. Diante disso, uma ferramenta que contribui para o profissional de *coaching* levar seu *coachee* a reinventar sua carreira é o *Business model you – O modelo de negócios pessoal*.

Criado por Tim Clark com a colaboração de Alexander Osterwalder, Yves Pigneur, Alan Smith, Trish Papadakos, Megan Lacey, Patrick Van Der Pijl; e contribuição de 328 cocriadores de 43 países, o *Business model you* considera o indivíduo como o negócio de uma só pessoa, ajudando-o a definir e modificar seu "modelo de negócios pessoal" e a forma como aplica seus pontos fortes e talentos para crescer pessoal e profissionalmente. Primeiro, porque a ferramenta auxilia na forma de olharmos nosso talento, motivações e nossos valores. Segundo, porque permite enxergar oportunidades para aplicá-las a favor dos outros e de si. Isso faz com que o indivíduo pense sobre suas ambições e o que precisa sentir, fazer e ganhar para obter a realização pessoal. Trata-se de uma abordagem simples e poderosa, que deixa o indivíduo em sintonia com o cenário de trabalho moderno e suas necessidades pessoais. (Clark, 2013)

Trazendo a ferramenta para o processo de *coaching*, o profissional deve instigar seu *coachee* a pensar sobre sua imagem em relação as suas atividades profissionais, para aproximá-lo de elementos de sua carreira, tais como satisfação, reconhecimento, imposições de tempo, contribuição social, entre outros.

Percorrendo os nove blocos da ferramenta em um processo de *coaching*

Identificando os recursos principais

No primeiro bloco da ferramenta, o foco é fazer o *coachee* pensar a respeito de quem ele é e o que possui. Os questionamentos aqui permearão os interesses do *coachee* (que conduzem à satisfação em sua carreira); suas habilidades e competências; talentos (coisas inatas que ele faz facilmente sem esforço); e, por fim, sua personalidade, que completa a resposta da pergunta "quem é você?".

O *coachee* deverá sair da sessão tendo claramente quais são seus "conhecimentos, experiências, contatos pessoais e profissionais, além de outros recursos tangíveis e não tangíveis ou ainda ativos" (Clark, p. 58, 2013). Segundo Grando (2012), é claro que quem você é abrange mais do que interesses, talentos, habilidades e personalidade, pois todos nós temos nossos valores, propósitos entre outros fatores.

Mapeando as atividades-chave

Nesse segundo bloco, tendo como base os recursos principais, é o momento de trazer à tona o que o *coachee* faz, despertando uma reflexão sobre as atividades físicas e/ou mentais realizadas em nome de quem ele atende: seus clientes. O importante ao abordar esse tópico será listar apenas as atividades importantes, as quais diferenciam a sua entrega dos demais. Precisa instigar o *coachee* a pensar sobre quais são as atividades críticas que ele executa no trabalho e quais agregam mais valor ao seu cliente.

Falando sobre os clientes

A temática desse terceiro bloco pode contribuir para que o *coachee* pense sobre quem ele ajuda. Para isso, deverá ser reforçado e clarificado o conceito de "cliente". Segundo Clark (2013), são as pessoas da empresa em que o indivíduo atua que dependem de ajuda para conseguirem realizar suas tarefas. Nesse papel de cliente, poderão estar inclusos o gestor do *coachee* e demais pessoas que são diretamente responsáveis pela sua compensação.

Definindo a proposta de valor

O quarto bloco poderá oferecer ao *coachee* a oportunidade de pensar como ele ajuda os seus clientes. Nesse momento, a ideia é fazê-lo definir o valor que fornece para os seus clientes, pensando na forma como os ajuda a conseguirem seus trabalhos. Qual é o diferencial das suas entregas? Quais problemas ou necessidades ele resolve ou precisam que ele dê conta?

Segundo Clark (2013), quando se definem claramente os clientes e a proposta de valor, completa-se a maior parte do trabalho necessário para desenhar um modelo de negócio pessoal.

Definindo os canais
Ao discutir sobre o quinto bloco com seu *coachee*, o *coach* fará com que ele pense sobre como seus clientes querem e precisam receber o seu trabalho. Por que os clientes decidiriam comprar os seus serviços? Como eles comprarão? Como ele entrega o que os seus clientes compraram?

Conforme mencionado por Grando (2013), outra pergunta importante para ser feita ao se discutir esse bloco refere-se a como os clientes potenciais ficam sabendo sobre o *coachee* e o valor que pode proporcionar a eles?

Analisando o relacionamento com clientes
Com o apoio do sexto bloco, o *coach* poderá trazer a reflexão sobre como o *coachee* interage com seus clientes, assim como analisar como ele vem entregando os seus serviços. Quais os tipos de relacionamentos que os clientes esperam que ele estabeleça e mantenha? Como eles querem ser atendidos?

Identificando as principais parcerias
Com o sétimo bloco, o *coach* poderá contribui para que seu *coachee* identifique quem são as pessoas que o apoiam e o ajudam a realizar seu trabalho. Aqui as reflexões percorrem sobre quem o ajuda a fornecer valor para os seus clientes? Quem o apoia e como?

Analisando as fontes de receitas e benefícios
No penúltimo bloco, a contribuição está no fato de ajudar o *coachee* a pensar sobre suas fontes de renda, tais como salário, honorários profissionais, e outros recebimentos em espécie. Também poderá ser pensado sobre os benefícios "intangíveis", tais como a satisfação, reconhecimento e a contribuição social.

Analisando a estrutura de custos
Por fim, com o nono bloco, o *coach* fará o *coachee* refletir sobre o que ele oferece ao seu trabalho, tais como o tempo, energia e, em alguns casos, dinheiro. É importante que o profissional de *coaching* o instigue a pensar sobre os aspectos que incluem estresse e possíveis insatisfações oriundas das suas principais atividades.

Além de definir o modelo de negócio pessoal, o método trazido por Tim Clark também contribui para que o *coach* faça seu *coachee* revisar a sua carreira, aprendendo a descrever e analisar modelos de negócios organizacionais e pessoas, vislumbrando novas possibilidades; a refletir sobre a direção da sua vida, pensando em como quer alinhar suas aspirações pessoais e profissionais; a revisar ou reinventar a sua vida profissional e, por fim, a agir, aprendendo a fazer tudo acontecer. Tendo em vista as transformações no mercado de trabalho e seus impactos, tanto nas organizações quanto na carreira de indivíduos, fica evidente que o processo de *coaching* é uma excelente alternativa para o *coachee* avaliar o que está fazendo em sua vida, considerando seus sonhos, objetivos, intenções e valores. Nesse contexto, a aplicação da ferramenta *Business model you* – Modelo de negócio pessoal, em um processo de *coaching*, poderá contribuir ativamente para que o *coachee* tenha vantagem competitiva, no momento em que pensará de forma estruturada sobre sua carreira, estando em sintonia com o mercado de trabalho atual e com suas necessidades.

Referências
CLARK, Tim. *Business model you: o modelo de negócio pessoal: o método de uma página para reinventar sua carreira* / escrito por Tim Clark; em colaboração com Alexandre Osterwalter e Yves Pigneur; projeto gráfico Alan Smith e Trish Papadakos; assistente de produção Patrick van der Pijl. – Rio de Janeiro, RJ: Alta Books, 2013. 264 p.
FOCHESATTO, S. A. *Coaching de carreira*. XX Encontro de Jovens Pesquisadores. Centro de Ciências da Administração, online, 2012. Disponível em: <https://www.ucs.br/site/midia/arquivos/agosto_2012_coaching_de_carreira.pdf>. Acesso em: 10 de set. de 2018.
GRANDO, N. *Business model you: um método de uma página para reinventar sua carreira*. Wordpress, online, 04 dez, 2012. Disponível: https://neigrando.wordpress.com/2012/04/12/business-model-you-um-metodo-de-uma-pagina-para-reinventar-sua-carreira/. Acesso em: 21 de set. de 2018.
SOUTO, R. *Trabalhabilidade e carreira em nuvem: as novas tendências do mercado de trabalho*. CIC Caxias do Sul, online, 05 de Out, 2015. Disponível em: <https://ciccaxias.org.br/noticias/2015/10/05/trabalhabilidade-e-carreira-em-nuvem-as-novas-tendencias-do-mercado-de-trabalho/>. Acesso em: 19 de set. de 2018.

17

Como a mulher pode transformar desafios em oportunidades para construir uma carreira de sucesso

Falar sobre o espaço e posição que a presença feminina tem assumido no mercado é tão importante quanto falar sobre amor, carreira e futebol. São mais de 500 mil mulheres que buscam satisfação e crescimento profissional, representando 49% dos profissionais no mercado de trabalho. Esse é o Brasil que queremos! Com base na minha experiência profissional, este artigo traz dicas para quem deseja fazer a diferença no mercado de trabalho e descobrir como consolidar a carreira no mundo empresarial. Eu consegui, você também consegue!

Kelly Katiuscia

Kelly Katiuscia

Consultora de treinamento de vendas, motivação e comportamento. Experiência em estratégia, gestão de pessoas, inovação, vendas, motivação, trabalho em equipe e sucesso. Usa seus 15 anos de experiência, além da sua paixão para ajudar profissionais a desenvolverem suas competências de pensamento crítico e empresas a se tornarem mais competitivas e com mais resultado. Desenvolveu suas competências nas áreas estratégicas de inteligência de mercado, planejamento estratégico, vendas internas e externas das mais variadas áreas. Prestadora de serviço, venda de produtos técnicos, reestruturação de departamentos comerciais e consultoria nos grupos KLA e BMC - Hyundai. É precursora na consultoria e treinamento da inteligência de vendas no Brasil, acumula respeitável experiência aplicando a abordagem consultiva em vendas ativo/receptivo/interna/externa em empresas de diversos portes e setores. É carinhosamente conhecida no meio corporativo como a "viagra empresarial" e a "vendedora sangue nos olhos", pois suas palestras têm uma experiência única.

Contatos
kelly@dksolucoes.com.br
(11) 98379-8140

Não desanime diante das dificuldades, mulher, você é forte e competente, por isso, transforme desafios em oportunidades de crescimento profissional. Avante! Iniciei minha carreira profissional aos 14 anos, vendendo banana na feira, e com o foco em relacionamento, fui promovida para o caldo de cana. Eu já tinha habilidades de comunicação, já despertava a atenção das pessoas. Os clientes gostavam de mim, me agradavam, traziam outros clientes e me levavam presentes.

Aos 16 anos, virei garçonete. Servia feijoada, mas tinha algo diferenciado, o cliente chegava, eu ia recebê-lo e dizia: sejam muito bem-vindos! Só isso fazia o cliente querer ser atendido por mim e me agradar com "caixinhas".

Sem eu perceber, tinha a tal fidelização, o relacionamento. Por este Brasil fui conhecendo na prática o mercado de trabalho e isso me fez crescer, me fez muito bem. Eu passei por algumas empresas e queria me tornar uma máquina de vendas. Era a primeira a chegar e a última a sair. Entrava em cada departamento, queria saber tudo, no entanto, conseguia fazer um financeiro, vendas, suporte, *marketing*.

Aprendi a desenvolver produtos usando o *paint*, pois sempre fui além e queria saber a raiz de como tudo acontecia. Sabe, você não precisa ser um gênio, uma visionária, nem mesmo alguém com pós-graduação, para ser bem-sucedida. Você só precisa de um modelo de trabalho e um sonho.

Se quer resultados acima da média, vai precisar fazer coisas acima da média. Eu precisei morar sozinha aos 14 anos, para perceber que deveria agarrar as oportunidades. Fui apelidada como a vendedora "sangue no olho" e "viagra das vendas". Meu olhar sobre o todo sempre era fora da caixinha. Nunca seja a pessoa do "amém", sempre coloque sua mente para pensar e verá resultados.

Fui criada pelo mundo e fui muito sozinha sem o apoio dos meus pais. Passei por algumas empresas até decidir entrar em uma sociedade e realizar consultorias e palestras, levando conhecimento ao maior número de pessoas em todo o mundo. Aos 36, peguei um empréstimo com um grande amigo e palestrante, Jaques Grinberg, que acreditou em nosso sonho. Fomos para um lugar onde ninguém ia, Estado do Rio de Janeiro.

Mês de dezembro, crise, empresas fechando, enfim, reunimos alguns parceiros palestrantes e fomos lá pessoalmente panfletar uma semana inteira debaixo de sol. Não tínhamos dinheiro para almoçar, íamos em lojas comprar salgadinhos para ter o que comer. Só nós sabemos o que passamos, minha sócia Deise Gonçalves, tenho muito respeito e gratidão pela nossa parceria.

Muitos acham que no lixão não nasce flor, mas, como diz a música *Vida loka*, dos Racionais Mcs, nasce sim!

Lotamos o evento no Rio de Janeiro, colocamos 250 pessoas em um primeiro evento. O crescimento veio com ambição, muito trabalho e garra em vender mais e mais. Não tinha hora nem dia, era vender, vender e ir para cima!

Apostamos sempre na aproximação com os clientes, em oferecer valor agregado e relacionamento fácil e rápido.

Fomos em eventos em Campinas e São Paulo. Não tinha base de dados, mas a gente fazia e valorizava ligações ativas. Percebemos que a cereja do bolo não era comprar *mailing* e, sim, fazer *mailing*. O ouro de uma empresa são clientes novos (prospectar). Desenvolvi uma maneira de prospecção por meio do Google e do Fale Conosco das empresas – eu ensino em minhas palestras essas técnicas.

O coração da empresa é a carteira de clientes e isso trazia visão acompanhada de resultados. Acabei me tornando conhecida por defender o espaço das mulheres nas empresas e pelo empoderamento dos colaboradores por meio do conhecimento vindo dos eventos.

O segredo é "botar a mão na massa"! Isso faz a diferença. Você ganha de acordo com o tempo trabalhado. Exemplo: trabalhou duas horas por dia, vai ganhar duas horas trabalhadas. Não tem erro, a conta é simples. Trabalhou nove horas por dia, ganhará mais e será proporcional às nove horas trabalhadas. Tenha claro em sua cabeça que transformar desafios em oportunidades é ralar. Não ache que abrindo sua empresa estará tranquilo até os negócios estarem sólidos. É muito trabalho!

Tive ao meu lado pessoas que tinham fé em mim e me deram ritmo para sempre ir além e querer mais. Eu pegava a visão para ser quem me tornei hoje. Nem todos os empresários de sucesso tinham um grande capital acumulado para investir em negócios. Muitos começaram do zero – com apenas ideias inovadoras e muita determinação. Compartilho com você oito ações que fizeram o diferencial na minha carreira e que você também pode se inspirar para mudar a sua vida.

1- Deixar de ser boazinha é o primeiro passo para se tornar irresistível. Seja estrategista. Não diga "amém" para tudo e todos. E sobre sua bolsa, tenha ela blindada para ter algo na vida. Mas, como colocar em prática um objetivo e transformá-lo em uma estratégia poderosa? Escolha um único projeto e se concentre exclusivamente nele. Pense na sua rotina como uma imagem fotográfica: o que deve estar em primeiro plano é a sua prioridade, o restante são distrações.

O grande erro que as pessoas costumam cometer é querer tudo ao mesmo tempo. Esse equívoco é a fórmula do fracasso. Coloque no papel o que quer e vá atrás disso! Seja estrategista.

"E aí Kelly, como é isso?".

Uma pessoa estrategista é aquela que desenvolve planejamentos para chegar aos seus objetivos. Para que fique mais claro, imagine duas pessoas que têm um objetivo em comum: fazer uma longa viagem de carro para chegar a um determinado destino. Enquanto a primeira está dirigindo sem se preocupar com as rotas, o combustível e outros detalhes envolvidos, a segunda terá calculado quanto irá precisar de gasolina e feito uma pesquisa sobre o melhor caminho, considerando a qualidade da estrada, o trânsito e a distância, tudo para que aproveite os recursos que possui da melhor maneira possível.

Certamente, a segunda pessoa conseguirá chegar ao seu destino mais rapidamente e fará uma viagem mais tranquila, porque analisou todas as condições envolvidas e, assim, teve a oportunidade de escolher as melhores estratégias. Isso pode ser empregado nas mais diversas situações, seja para alcançar objetivos relacionados a sua carreira ou à vida pessoal. Coloque no papel suas metas, como e quais recursos vai usar para alcançá-las. Aprenda a ver oportunidade onde os outros veem problema.

2- Estude. Estudar é sinônimo de sucesso profissional. Tive um mentor que fazia eu ler em média três livros por mês, e eu odiava, mas isso foi a base para adentrar em qualquer reunião, pois tinha conhecimentos que me abriram portas. Eu me dediquei a inúmeros cursos para crescer cada vez mais como profissional. Trabalhei no Grupo KLA, organizava, planejava os eventos e fazia questão de estar presente em todos. Tinha meu caderninho chamado diário de bordo, registrava nele tudo que era novo, pois as palavras voam e a escrita fica.

Isso é uma ação contínua: aprender e me especializar faz parte de um caminho que não tem fim. O melhor de tudo isso é aplicar o meu conhecimento nas ações com os meus clientes e colher grandes resultados. Pensar em competências profissionais e aliá-las às competências pessoais faz com que você possa melhorar e ampliar os seus resultados e trabalhar sua estratégia de forma altamente competitiva e acirrada. A única coisa que ninguém tira de você é o conhecimento. O filósofo romano Sêneca é autor da seguinte frase: "sorte é o que acontece quando a preparação encontra a oportunidade". Se você está preparada para lidar com as responsabilidades que as oportunidades trazem, então poderá aproveitá-las ainda mais.

3- Participe ativamente do mercado. Em mais de 15 anos de atuação profissional, tive experiência em várias áreas. No início da carreira fui operadora de *telemarketing*, recepcionista, vendedora, gerente até chegar à consultora e desenvolvimento de pessoas. O segredo é amar "gente"! Hoje, sou empresária, gestora e consultora na área do conhecimento. Uma vez, li uma frase: "se você não trabalhar pelos seus sonhos, alguém vai contratá-lo para lutar pelos dele".

É incrível para nós conquistarmos as posições que quisermos. Só basta sermos determinadas e, com muita garra e foco, alcançarmos nossos objetivos. *Networking* é uma ferramenta que pode ajudar a construir uma carreira de sucesso. Porém, é importante lembrar que o bom *networking* não pode ficar limitado a ter contatos nas redes sociais, é preciso que você esteja engajado e faça sua presença ser notada. Eu sempre fidelizei meus contatos com apenas um "muito bom dia!". Isso fazia eles não me esquecerem, e foi assim que sempre recebi muitas propostas de trabalho.

4- Gerencie seu tempo. Um fator que merece destaque é conseguir gerenciar seu tempo da melhor forma para conciliar vínculos familiares e afetivos, relacionamentos sociais, estudos, lazer e cuidar de si mesma. Assim, você será uma profissional completa e feliz. Use uma ferramenta de gerenciamento de tarefas. Sim, manter uma lista de afazeres é vital para gerenciar seu tempo com sucesso. No começo eu usava agenda e tudo ia para o papel, destinava horário para tudo e ia ticando de caneta florescente. Comigo sempre deu certo! Separe as tarefas estratégicas das "automáticas". Sempre fiz divisão do que é urgente, o que é importante e o que pode esperar. Atribuir prazos para si é uma das melhores maneiras de manter-se organizada. Uma tarefa sem um prazo, provavelmente, vai frustrar você no fim das contas.

5- Incorpore a mulher Sazón. Trabalhe com amor e intensidade (seja Sazón, faça tudo com amor). Acredito que tudo feito com amor tende a dar certo, é o primeiro passo, mas não o único. É preciso muita dedicação, engajamento e, principalmente, propósito de vida.

Nada na vida é possível se não houver total dedicação. Nada cai do céu, tudo é conquistado com muito suor. Mas, digo que vale muito a pena. Seja intensa em tudo o que fizer, na profissão não é diferente. Hoje, consigo mostrar a qualidade do meu serviço. Defendo que não existe essa de um gênero ser melhor do que o outro, o que define a competência é a atitude e a dedicação na entrega daquilo que se propõe a fazer. Uso uma frase diária: "faça-me sentir importante". Olho no espelho e falo isso para mim, todas as manhãs. Tem um efeito maravilhoso, faça você também! A mulher tem por essência mover-se com paixão por aquilo que ela se dispõe a fazer, por isso, digo que o diferencial das mulheres em suas consultorias é o trabalho realizado de forma mais humanizada. Você pode usar seus desafios como treinamento para praticar as virtudes que quer desenvolver, como compaixão, autocontrole, honestidade, preparação e muitas outras.

6- Inove e transforme. Sair da zona de conforto é outra dica. Esteja onde a faça feliz. Inovar é transformar pessoas, processos e empresas, isso nos faz ver o futuro da gestão. O que me entusiasma na profissão é fazer o novo, ajudar a minha classe a superar as adversidades encontradas no caminho e fazer com que o profissional seja aberto ao novo, volte a gostar intensamente do que faz e consiga vislumbrar oportunidades antes não percebidas. Quando estiver em busca de oportunidades, não fique muito tempo dando importância para a porta que fechou ou está fechada, porque, para toda porta que se fecha, outra se abre em algum outro lugar. Busque as portas que estão se abrindo para você. Como já diz o velho ditado: quem procura, acha. Ficar parado não vai fazer as oportunidades caírem do céu. Corra atrás dos seus objetivos, que as oportunidades aparecerão no seu caminho. Sucesso! Não bloqueie sua visão, mas permaneça aberta para novas chances e oportunidades. Quando você começa a mudar sua atitude e valorizar o que você tem, fica mais fácil entender qual caminho quer tomar. Nossa vida não é um roteiro já pré-escrito, que só vamos seguir. Ela depende do que fazemos, de qual atitude tomamos, para conseguir chegar onde queremos. A felicidade está em você, não nas outras pessoas.

7- Escolha todos os dias o Brasil que você quer! Todos que estão a minha volta sabem que falo que sou a mulher maravilha e, no meu mundo, com os meus poderes, escolho no dia o Brasil que eu quero. Faço isso pela força do pensamento positivo. Seja fiel ao seu propósito. E, falando em propósito, busque um maior. Vamos lá! Desperte a Mulher Maravilha que está dentro de você. Para que nos contentarmos em viver rastejando, quando sentimos o desejo de voar?

A vida sempre encontrará maneiras de surpreendê-la. Oportunidades podem surgir quando menos esperar. Talvez, você jamais esteja pronta, mas não permita que isso a impeça de agir. Quando uma oportunidade bate à porta, atenda. Quando você precisar fazer alguma coisa, vá e faça. Não fique engaiolada em sua "zona de conforto". As mulheres bem-sucedidas são resultado de lutas. Diga todos os dias para você: eu quero! Eu posso e ninguém me segura neste Brasil!

18

Adaptabilidade e forças de caráter na construção de carreira

Neste capítulo, você encontrará um breve estudo sobre dois conceitos de primordial importância na construção de carreira: as forças de caráter advindas do movimento da psicologia positiva e a adaptabilidade proveniente da Teoria de construção de carreira

Lara Campos

Lara Campos

Mestra em psicologia da carreira pela USF. Especialista em desenvolvimento humano e psicologia positiva, gestão de pessoas, psicologia social, *marketing* e graduada em letras pela PUCCAMP. CEO da Lara Campos Treinamento e Desenvolvimento. Ministra programas de desenvolvimento para liderança e suas equipes. Atua também como *coach* de carreira, orientadora profissional e professora de pós-graduação. Certificada pela ICC – International Coaching Community e pelo ICI – Integrated Coaching Institute. Pesquisadora, reconhecida e premiada no Brasil pelo Top of Mind em RH e internacionalmente nos Estados Unidos e Europa por seus projetos focados em liderança, trabalho em equipe, engajamento caritativo e responsabilidade social todos inspirados nos estudos da psicologia positiva. Coautora das obras: *Equipes de alto desempenho* e *Coaching: a solução*, da Editora Literare Books International. Como assistente executiva desenvolveu sólida carreira ao longo de 17 anos assessorando executivos em empresas multinacionais como Motorola, IBM e Grupo Saint-Gobain.

Contatos
www.laracampos.com.br
lara@laracampos.com.br
LinkedIn: laracampostreinamentos
Instagram: trainerlaracampos
Facebook: laracampostreinamentos
(19) 99909-5509

Os primeiros sinais do movimento da psicologia positiva começaram a se manifestar em 1900 por intermédio do psicólogo William James (1842-1910) que defendia a ideia de que a psicologia deveria abordar aspectos como o otimismo, a coragem e a felicidade.

Outros indícios se devem a Abraham Maslow (1908-1970), psicólogo reconhecido pela teoria da pirâmide das necessidades humanas e seu conceito adjacente da autorrealização como sendo a principal força motivacional do ser humano

Seguindo mais adiante, o psiquiatra austríaco Viktor Frankl (1905-1997) abria as portas para a logoterapia. De origem grega, a palavra *logos* significa sentido, ou seja, uma terapia fundamentada na busca de um sentido como sendo as forças propulsoras do indivíduo. Após experienciar o holocausto em um campo de concentração em Auschwitz, Frankl concluiu em seus estudos que é possível transformar tragédia pessoal em triunfo desde que se tenha um propósito, e afirmou que a vida pode ter significado sob qualquer circunstância, mesmo que a mais sub-humana.

O marco da psicologia positiva se dá no início de 2000 com a publicação de uma edição especial na *American Psychologist* dos psicólogos Seligman e Csikszentmihalyi, onde os autores destacam a escassez de conhecimentos científicos sobre as potencialidades, virtudes e forças dos seres humanos. Ao estudarem o cenário pós-guerra, estes observaram que muitos indivíduos bem-sucedidos e autoconfiantes se mostraram desencorajados frente à crítica situação global. Em contrapartida, notaram que, mesmo sem o suporte social pós-guerra, havia alguns poucos sobreviventes que conseguiam manter sua integridade e propósitos, ainda que com menor prestígio social ou habilidades individuais.

Os autores, então, passam a investigar a seguinte questão: de quais fontes possivelmente essas pessoas estariam extraindo forças? A partir dessa inquietação, começaria então o movimento da psicologia positiva, um novo modelo mental com o propósito de potencializar os traços positivos dos indivíduos e ajudá-los a encontrar felicidade, bem-estar e a desenvolver o melhor de si frente às circunstâncias adversas. É importante enfatizar que esse modelo não desconsidera os problemas, doenças e fraquezas humanas e, também, não tem a intenção de trazer dicotomias entre felicidade e sofrimento, mas, sim, compreender que ambos são complementares e importantes ao ser humano.

O manual intitulado *The values in action (VIA), Classification of strenghts*, em português *Valores em ação, classificação das forças*, de Martin Seligman e colaboradores é o ponto de partida do estudo científico que mensura e classifica as 24 forças de caráter.

Tais forças são definidas como aspectos da personalidade moralmente valorizados, ou seja, traços positivos bem desenvolvidos e fundamentais para se manter o bem-estar da sociedade e seu caráter ético.

Possuir esses traços positivos não significa ter ausência de problemas, mas uma capacidade maior de enfrentá-los pois também funcionam como fatores protetivos contra o estresse. Entende-se que essas forças são influenciadas por uma combinação de elementos que vão desde a família, escola, cônjuge, comunidade até a hereditariedade e, ao invés de serem avaliadas por presença ou ausência, são passíveis de avaliação em graus, fraco, moderado ou forte.

Ainda, as forças de caráter estão atreladas a seis grandes virtudes: sabedoria e conhecimento, coragem, humanidade, justiça, temperança e transcendência, conforme apresentadas na Figura 1.

SABEDORIA & CONHECIMENTO	CORAGEM	HUMANIDADE
Amor ao aprendizado Criatividade Curiosidade Pensamento crítico Sensatez	Autenticidade Bravura Perseverança Vitalidade	Amor Bondade Inteligência social

JUSTIÇA	TEMPERANÇA	TRANSCENDÊNCIA
Cidadania Liderança Imparcialidade	Autorregulação Modéstia Perdão Prudência	Apreço ao belo Espiritualidade Esperança Gratidão Humor

Figura 1 – As 24 forças de caráter subdivididas em seis virtudes.
Fonte – elaborada pela autora com base nas referências de Peterson e Seligman 2004.

Você pode conhecer melhor a descrição das forças de caráter e responder a uma autoavaliação por meio do link: https://bit.ly/1onaF0p. Nesse questionário, você poderá observar as suas forças em ordem de intensidade (elas aparecerão da mais forte para a mais fraca) e, desse modo, trabalhar para potencializar todas elas. A pesquisa é gratuita, basta investir 20 minutos do seu tempo.

Como resultado do movimento da psicologia positiva, novas áreas de pesquisa manifestam-se também no comportamento organizacional, que têm mostrado uma clara relação entre sentimentos positivos dos funcionários e seus melhores desempenhos. Em processos de recrutamento e seleção de profissionais, por exemplo, já há o reconhecimento das forças de caráter para mapeá-las nos candidatos, com o objetivo de selecionar o perfil mais adequado ao cargo.

Felicidade, carreira e adaptabilidade
Outra área da psicologia que também estuda as virtudes e forças do indivíduo é a orientação profissional (OP) que tem o objetivo de conduzir as pessoas em suas carreiras, compreender melhor as características das profissões, proporcionar autoconhecimento e o despertar de potencialidades desconhecidas.

Pode parecer utopia sustentar que felicidade, bem-estar e contexto profissional possam estar correlacionados pois, para a maioria das pessoas, o trabalho é, na melhor das hipóteses, um mal necessário! Mas, estudiosos afirmam que felicidade e trabalho são conceitos que não podem ser separados uma vez que trabalhar serve justamente para melhorar a qualidade de vida do ser humano, oferecer oportunidades para construir relações sociais positivas e, inclusive, permear a história de carreira com significado.

Mark Savickas, precursor da *Teoria de construção de carreira* (TCC), define carreira como uma construção subjetiva e ativa que exige a obtenção de significado pessoal por meio de experiências passadas, presentes e aspirações futuras, moldando, assim, a história de vida do indivíduo. Um elemento central da TCC é a adaptabilidade: um conceito psicossocial representado por estratégias de enfrentamento que a pessoa utiliza para lidar com as mudanças, novas oportunidades e demais exigências e desafios profissionais. A adaptabilidade de carreira está mais associada a como o indivíduo constrói sua trajetória profissional do que com qual ocupação ele se interessa.

Sabemos que as mudanças no mundo organizacional atual têm exigido que os trabalhadores desenvolvam habilidades e competências que se diferenciem substancialmente das habilidades e competências requeridas pelas ocupações do século XX. Temos notado em nossos atendimentos que sentimentos de ansiedade e insegurança têm acometido profissionais que procuram trabalho e se esforçam em construir uma carreira de sucesso. Enquanto o século passado oferecia empregos e organizações estáveis, o cenário vem mudando com a revolução digital e com as transformações sociodemográficas. Novos paradigmas como cargos permanentes vêm sendo substituídos por projetos de tempo limitado ou temporários, o que torna a adaptabilidade uma das competências mais cruciais para a inserção, recolocação e sobrevivência em qualquer área do mercado de trabalho.

Como parte de suas contribuições, Savickas nomeou quatro dimensões da adaptabilidade de carreira. Essas dimensões representam competências comportamentais ou estratégias adaptativas utilizadas por profissionais que conseguem se adaptar frente aos desafios. As dimensões são conhecidas como os 4C's, originalmente em inglês intituladas *concern, control, curiosity* e *confidence*, e traduzidas para o português respectivamente como preocupação, controle, curiosidade e confiança.

A dimensão preocupação é considerada a primeira e mais importante estratégia da adaptabilidade de carreira, significando a capacidade de orientação para o futuro, ou seja, ter um senso de responsabilidade para se preparar para o amanhã. Essa estratégia sugere que o sucesso de amanhã é consequência dos esforços depositados no hoje e que o planejamento de metas é peça-chave nesse processo. A falta dessa dimensão é chamada de indiferença de carreira, sugerindo um estado de pessimismo e apatia sobre o futuro.

A segunda dimensão é chamada de controle, significando responsabilidade incondicional por criar a própria história ou trajetória profissional. Isso significa agir com protagonismo, autonomia, ter foco na solução e não no problema e, ainda, ter clareza e perspicácia nas tomadas de decisões. A falta dessa dimensão é chamada de indecisividade de carreira, sugerindo inabilidade para se fazer escolhas, agir por si só e vitimismo.

A curiosidade é a terceira dimensão que corresponde à inquietação, ao interesse em aprender e ousadia para experienciar novas tarefas e caminhos profissionais. Nessa dimensão incluem-se também a competência de autoconhecimento e abertura ao novo. A ausência da estratégia curiosidade pode levar a uma visão distorcida e ingênua sobre o mundo do trabalho e a respeito de si mesmo.

E, finalmente, a quarta dimensão, intitulada confiança, corresponde à capacidade de acreditar em si mesmo para superar obstáculos, resolver problemas e atingir objetivos. Essa estratégia adaptativa também abarca competências como a autoeficácia, autoconfiança e autoestima. A falta dessa dimensão pode resultar em frustração e no não atingimento de metas.

Você pode conhecer mais sobre as estratégias adaptativas e também preencher ou aplicar a *Escala de adaptabilidade de carreira* por meio do link: https://bit.ly/2We1dp7. Nesse site, você encontrará materiais riquíssimos referentes aos estudos de carreira de Mark Savickas e outros temas atuais como *Life-Design*. A Escala de adaptabilidade de carreira (EAC), conhecida em inglês como CAAS (*Career adapt-abilities scale*), ganhou há pouco tempo uma nova dimensão intitulada Cooperação, sugerindo a importância do relacionamento interpessoal como uma nova e forte estratégia de adaptabilidade.

Em minha pesquisa com 367 profissionais entre 18 e 77 anos, as 24 forças de caráter foram correlacionadas ineditamente com as quatro dimensões da adaptabilidade de carreira.

Como resultado, pôde-se constatar que a maioria das forças de caráter (16) se correlacionou mais fortemente com a dimensão confiança e a força que se destacou foi amor ao aprendizado. Pode-se inferir que quanto mais o indivíduo possui dessa força, mais conhecimento possui e mais habilidades domina e, assim, mais confiante e preparado se sente para atingir seus objetivos profissionais. Em outras palavras: aprender nunca é demais e contribui para a nossa autoconfiança!

Foi observado também que o grupo formado por profissionais empregados apresentou maior média na força de caráter criatividade em comparação com o grupo formado pelos desempregados, sugerindo que a capacidade de inovar, estar aberto a novas experiências são fundamentais para aqueles que desejam se manter empregados. No cenário atual, tempo ocorrido no mesmo momento da pesquisa, o Brasil passa por sua maior crise financeira e política da história, o que levou ao crescimento do desemprego e, assim, muitos brasileiros foram obrigados a enxergar oportunidades de negócios e empreender sugestionando mais uma vez a necessidade do desenvolvimento da força criatividade para lidar com situações adversas.

Ainda como resultado da pesquisa, as pessoas com mais estudo (com pós *lato* e *stricto sensu*) pontuaram melhor em pelo menos nove forças de caráter. As pessoas mais jovens (de 18 a 29 anos) mostraram pensar mais sobre o seu futuro profissional do que as pessoas mais velhas (acima dos 30 anos) mas estas, por sua vez, apresentaram as maiores médias em pelo menos 14 forças!

Considerando então que os jovens ainda estão em construção da sua trajetória profissional, é notável que as pessoas com mais idade possuam vantagens significativas e estejam à frente em muitos sentidos: mais vivência na diversidade de papéis, valores mais alinhados aos seus propósitos, maior quantidade de forças de caráter desenvolvidas e, com isso, podem se aproveitar dos seus fracassos e sucessos para remodelar de forma bem mais articulada suas carreiras. Vantagens que só a maturidade pode oferecer!

Referências
CAMPOS, L. P., AMBIEL, R. A, M. & MARTINS, G. H. *Escala de forças de caráter: evidências de validade no contexto da orientação para a carreira*, 2017.
FRANKL, V. E. *Em busca de sentido*. Petrópolis: Vozes, 1983.
PETERSON, C., & SELIGMAN M. E. P. (2004). *Character Strenghts and Virtues. A handbook and Classification*. Washington, DC: American Psychological Association. Oxford University Press.
SELIGMAN, M. E. P., & Csikszentmihalyi, M. (2000). *Positive Psychology – An Introduction*. American Psychologist. 55(1), 5-14. doi: 10.1037/0003-066X.55.1.5
SAVICKAS, M. L. (2012). *Life Design: A Paradigm for Career Intervention in the 21st Century*. Journal of Couseling & Development, 90. doi: 10.1111/j.1556-6676.2012.00002.x
SAVICKAS, M. L. (2013). *The theory and practice of career construction*. In S.D. Brown & R.W. Lent (Eds.), *Career development and counselling: Putting theory and research to work* (2nd edition, pp. 147-183). Hoboken: Wiley.

19

O resgate

A mulher é comprovadamente uma excelente líder, inteligente e capacitada. Acontece que, em algum momento, a gente se perde no excesso de competitividade, até com um pouco de agressividade e aspereza. Dessa forma, características como empatia, proatividade e senso de equipe são menos valorizadas. Acredite, tudo o que lhe capacita a ser uma excelente colaboradora já está aí dentro. Ao resgate!

Madai Alencar

Madai Alencar

Formação em regência coral e gestão de recursos humanos com especialização em liderança pela Pontifícia Universidade Católica de São Paulo. Formada em *coaching* pela Sociedade Latino Americana de Coaching. Está no mercado da liderança há mais de 15 anos. Trabalhou com liderança em multinacionais na Noruega e Brasil. Recebeu oportunidades para o crescimento da carreira, sempre na gestão de pessoas dos mais variados perfis comportamentais. Hoje, se dedica aos atendimentos em *coaching* de carreira e treinamentos para líderes.

Contatos
https://www.madaialencar.com.br
contato@madaialencar.com.br
Facebook: Madai Alencar Coach
LinkedIn: Madai Alencar
Instagram: Maria_madai
(11) 4171-7639

Imagine uma profissional completa, aquela que observa os detalhes da sua função e até da própria organização, que sabe lidar com as tarefas de curto, médio e longo prazo. Ela tem o controle dos insumos, matérias-primas, orçamento. Comanda muito bem na sua ausência, mas todos da equipe se sentem seguros com a sua presença. Este é um perfil da profissional que lidera servindo e serve liderando. Lidera servindo, porque tem o discernimento de executar as tarefas necessárias para aquele momento e não simplesmente porque está sendo paga. Serve liderando, porque ela serve aos chefes, aos seus liderados e pares exemplificando como executar bem um dever.

Uma organização tem excelentes perspectivas mantendo um talento como este, pois domina muitas competências como proatividade, boa comunicação, consciência organizacional, empatia, persuasão, senso de equipe, generosidade, autoridade e responsabilidade. São essas características, entre outras, que a faz se destacar em meio a outras pessoas. A cada dia há menos espaço para colaboradores não éticos e egoístas. O perfil da "supermulher" que tracei foi exatamente o de um líder servidor.

O conceito de líder servidor nasceu com Robert Greenleaf, um alto executivo que foi inspirado na década de 70 por um livro alemão de 1932, chamado *Viagem ao oriente*, escrito por Hermann Hesse. Nele, é narrada a história de pessoas convidadas a formarem uma confraria para saírem a uma aventura, uma viagem ao oriente. Durante a leitura, o autor nos faz prestar a atenção num personagem que entra despretensiosamente na trama, um servo chamado Leo (de leão), designado a auxiliar os tripulantes, é atencioso e de figura notável, prevê as necessidades dos viajantes e sempre pronto a servir com grande gentileza e sabedoria.

O caso é que em algum momento do percurso Leo desaparece. A ausência dele é sentida por todos os membros, porém, o que começa com um descontentamento pelo sumiço ruma ao desentendimento, até que a união se desfaz e o grupo não consegue chegar ao seu destino. O livro evidencia que a ausência do servo alterou totalmente o sucesso da jornada, logo, era ele quem liderava durante todo o percurso.

Quando tive contato com esse papel do servo que lidera o grupo, me pareceu uma função com uma carga de pressão excessiva, afinal, quem seria perfeito assim? Porém, quanto mais me aprofundo sobre liderança, mais tenho evidências de que a pessoa com essa capacidade natural é a mulher. Quando se pensa no cotidiano do lar e jornada dupla de trabalho, tem todas as características que listei dentre outras. Tome por base sua própria realidade ou a de alguma mulher que a inspire e vamos analisar as características listadas anteriormente:

• **Proatividade:** o indivíduo proativo tem duas características fundamentais, um olhar crítico e sugere uma solução. A maturidade e experiência adquiridas por meio das responsabilidades que a mulher enfrenta ao longo de sua vida, naturalmente, a fazem aquela pessoa ideal para falar o que está faltando. Somos ótimas nisso, amiga!

• **Boa comunicação:** já é subentendido que mulher comunica muito mais do que os homens, elas conversam mais sobre suas dúvidas e se aconselham mais umas com as outras. Por terem essa característica natural, têm mais sucesso em transmitir o que estão pensando. Cientistas comprovam que a mulher fala cerca de 13 mil palavras a mais do que os homens, diariamente.

• **Consciência organizacional:** a mulher percebe os relacionamentos do grupo, quais as intenções por meio do que é dito e as relações de poder e subserviência dentro do grupo por ter uma percepção acurada do comportamento.

• **Empatia:** se identifica emocionalmente com a situação do próximo.

• **Persuasão:** as mulheres sabem ser bem persuasivas quando querem.

• **Senso de equipe:** sabe que pertence àquele grupo, àquela realidade, ela sabe que tem um papel claro a desempenhar.

• **Generosidade:** auxilia o que necessita de orientação.

• **Humildade:** sabe que precisa aprender, pois admira os capazes.

• **Autoridade e responsabilidade:** não foge da responsabilidade e assume os riscos; as suas escolhas e erros.

Preciso salientar ao leitor que essas características não são exclusivas das mulheres, porém, são favoráveis a elas biologicamente. O seu corpo produz em maior quantidade um hormônio chamado ocitocina que, entre outras coisas, favorece o relacionamento interpessoal, a empatia e o senso de grupo, ou como eu digo, aprimora a arte da "interpessoalidade". Esse hormônio também é responsável pelo relacionamento materno, especialmente porque o corpo produz uma grande quantidade quando a mulher dá à luz.

O fato é que, em algum momento, nós "perdemos a mão" na ansiedade em demonstrar força e competitividade, assim diminuímos justamente qualidades que são, de fato, o nosso diferencial. Esse desequilíbrio pode se revelar de maneira oposta, quando a mulher se comporta com extrema fragilidade por não se sentir competitiva o suficiente, sem ter a noção da imensa força interior que tem.

Temos um conjunto de memórias gravado no subconsciente que nos ensinou ao longo da vida, mas também tolhe a nossa liberdade. Frases do tipo: "onde já se viu uma menina se comportar desse jeito?" ajudam a educação dessas meninas, mas, dessa forma, elas aprendem que uma das maiores dores é desapontar os pais ou qualquer responsável, gerando uma grave carga de culpa.

É importante pensar nos sentimentos dos outros, mas nem sempre é prerrogativa da mulher suprir todas as expectativas que são colocadas sobre os seus ombros.

A insegurança, a culpa e o medo da reprovação são apenas alguns dos sentimentos nutridos pelo subconsciente, que dificultam uma vida plena, muito além do trabalho. A boa notícia é que esses sentimentos e ansiedades que promovem a insegurança podem ser identificados e diminuídos. Amiga, eu não estou dizendo que é fácil, estou dizendo que vale a pena!

Existe um equilíbrio! Para essa mudança, porém, é preciso que você tenha compromisso com a sua melhora definitiva. Pronta?

Vamos fazer um exercício espetacular de identificação desses maus sentimentos. É importante que você encontre um momento de calma para que não seja interrompida. Faça uma lista das cinco situações recorrentes que são mais desafiadoras no trabalho, daquelas que você se sente insegura ou agressiva.

1) A seguir, escreva os três sentimentos que estão envolvidos em cada uma dessas situações.
2) A seguir, complete como você se sente ao final.

Exemplo:

Situação	Sentimentos	Resultado
Fazer uma apresentação de resultados na presença dos diretores.	Ansiedade, insegurança, raiva.	Sempre falo mais rápido do que o necessário. Algum colega completa as minhas frases. Sou interrompida. Frustração.

Uma vez que você reflete e é sincera consigo sobre a situação a qual você se submete, fica muito mais claro atacar as causas e não os efeitos. Cada situação desta é uma dificuldade, logo você será forte para não deixar que esse momento a abale.

3) Agora, relaxe e feche seus olhos e reviva aquele momento. Olhe a pessoa que a intimidou de frente. Não imagine um enfrentamento ou discussão, apenas tente olhar para a outra pessoa e reflita qual frase, palavra ou atitude que a faz se sentir da forma relatada no exercício.

4) Saiba identificar a palavra ou comportamento. O foco é perceber o comportamento ou diálogo que a deixa contrariada, apenas reflita.

5) Perceba qual atitude ou palavra provoca uma resposta da pessoa que a atinge. Note o que inicia o comportamento do outro. Evite sentimentos negativos contra ela, mas identifique o âmago da ação, ou seja, tente prever ao máximo o que inicia essa situação e procure a resposta adequada antes. Dedique tempo para se preparar não apenas em conteúdo, mas em lidar com as pessoas com confiança.

Quando apliquei esse exercício, pude perceber as frases que eu deveria evitar, e antes mesmo que algo me frustrasse, já tinha a solução. Acredite, nem todos estão contra você e nem todos estão ali para humilhá-la, é bem possível que a outra pessoa tenha tomado uma atitude que a atinja, porque não percebeu como você se sente. Descobri que sou uma líder servidora. Agora, munida de novas ideias e ações diferentes, tome coragem para experimentar.

Mas como é difícil! É, amiga, eu sei... As decisões são tomadas no córtex pré-frontal, mas são julgadas por uma rede complexa que analisa as situações do dia a dia. Todos os tipos de decisão têm esse mesmo caminho. Desde a decisão de se levantar para trabalhar até as mais sérias, imagine o número de decisões que tomamos no dia? Milhões! E para poupar energia, o cérebro entende que se uma resposta a uma ação é repetida sempre igual, ele poupa energia e não reflete muito sobre o mesmo assunto, assim, passa rapidamente pelo lóbulo frontal e quando vê, já foi. É por isso que é tão difícil mudar um comportamento preestabelecido, não impossível. Saiba que todos têm a licença poética para errar e se recuperar do erro. Apenas siga.

Há alguns anos, conheci uma querida que disse: "Me empenhei para terminar minha segunda faculdade, no mesmo mês em que conquistei uma importante promoção, mas, mesmo que eu estivesse conquistando o meu mundo, só conseguia pensar na

próxima pós-graduação e nos desafios que essa promoção me traria. Um dia, quando retornei para casa naquele mês, minha filha me esperava com um belo bolo confeccionado com carinho pelas suas mãos. Por alguns momentos eu me perguntei: qual o motivo da comemoração? Demorou, mas o amor da minha família me ajudou a notar que merecia receber os louros pelas minhas conquistas e nem tinha visto, nem tinha percebido a mulher que estava me tornando." D.A.
Mas, qual o problema nisso? Afinal, ninguém deixa de conquistar só porque não comemora uma etapa na vida. Realmente, é verdade, mas posso dizer que vivendo como se estivéssemos apenas cumprindo metas, perdemos muito também. Perdemos os momentos de admiração própria, que constroem e fortalecem uma autoimagem positiva e criam perspectiva de conquistas maiores e melhores.
Já fizemos o exercício que pode dar uma ótima visibilidade das situações que a desestabilizam e tem dicas de por onde começar a sua estratégia. Qual a realidade você gostaria de viver?

Vamos a mais um exercício:
• Sente-se ou deite-se tranquilamente. Se estiver sonolenta é melhor em outro momento, pois é possível que você durma e esse não é o foco, certo?
• Respire em quatro. Essa respiração consiste em inspirar pelo tempo de quatro segundos, a seguir, segurar a respiração por quatro segundos e soltar o ar por mais quatro segundos, faça isso relaxadamente por quatro vezes.
• Agora, se imagine entrando no seu ambiente de trabalho, desde o momento em que você está nas primeiras instalações do prédio, calçada, garagem etc. Essa imagem precisa ser viva e clara. Recrie cada passo dado normalmente e as pessoas que você encontra. Durante esse trajeto até o seu espaço de trabalho diga: "Este é o meu lugar e mereço estar aqui". Você se sente leve, positiva e orgulhosa de si. Todos sabem disso e a admiram. Crie essa imagem bem rica com vivas cores, cheiros... O que as pessoas diriam a você? Tente reproduzir os sons das vozes e sorria. Essa imagem precisa ser muito nítida, quanto mais, melhor.
• Depois que viveu esse momento, pause por um segundo, abra seus olhos lentamente e repita: "Eu mereço essas conquistas, todas elas" em voz alta e claramente, como quem afirma com segurança e certeza. Faça por umas cinco vezes.
• Novamente, feche seus olhos e com essa mesma frase ecoando na sua mente, recrie novamente a mesma cena anterior, porém,

agora, coloque-se na cena com a roupa que você usou hoje para trabalhar, com os mesmos sapatos, penteado, perfume, enfim, tudo. Agora você se sente confiante, pois mantém firme na sua mente: "Eu mereço estas conquistas, todas elas".

Uma vez que você age como alguém que está no seu lugar de direito, sem agressividade ou competição, quais seriam as atitudes que deve tomar para que a sua realidade se aproxime dessa que você criou nessa visualização? Quais se tornam indiferentes? Anote tudo! Crie uma data e valorize as suas mudanças. Logo, a sua realidade será mudada pelo fortalecimento das crenças positivas e pela calma que vai adquirindo.

Comprometa-se consigo, seja persistente em criar novos hábitos, pare de alimentar os comportamentos que trabalham contra você. Se superar esses desafios, o que vier é lucro.

Este texto tem a finalidade única de evidenciar que toda a sua história, todo o seu desafio e tudo o que você passou e a que se submeteu não podem ficar subjugados abaixo de tentativas frustradas e de um sentimento de incapacidade e medo. A mulher tem o direito de escrever a sua história de sucesso com as ferramentas que possui. Tem o direito de buscar e alcançar. Não é a tinta dos cabelos que vai definir a sua capacidade, nem quão ríspida ela pode ser, apenas tenha a mais absoluta certeza de que você já tem tudo o que precisa.

Siga com a certeza de que você é mais bonita, competente e capaz do que imagina.

Seja abençoada.

Referência
HESSE, Hermann. *Viagem ao oriente*. São Paulo: Civilização Brasileira, 1971.

20

Liderança evolucionária: a importância da gestão da inteligência emocional

Quando falamos de carreira profissional, mesmo que sob um enfoque de *coaching*, penso que devemos sempre, invariavelmente, empregar um tratamento que contenha o melhor em termos de liderança, a qual vai demandar um alto nível de qualidade de nossas competências não cognitivas – a inteligência emocional. Sobre isso, proponho a leitura e discussão do texto a seguir

Marcelo Neri

Marcelo Neri

Graduado em comércio internacional com pós-graduação – MBA – FGV em gestão de negócios com ênfase em negócios internacionais e especialização na UCI- University of California Irvine e Chinese University of Hong Kong. Formado pela ASBA (Association of Ship Brokers and Agents - New York) em Afretamento de Navios. *Personal and professional coach.* Notória experiência em disputas no âmbito marítimo. Treinamentos e cursos no exterior sobre afretamento marítimo, arbitragens e agenciamento marítimo. Amplo conhecimento das práticas e larga experiência em gestão portuária e consultoria em logística. Atua há 24 anos prestando assessoria a empresas ligadas aos Portos Brasileiros no ramo de Agenciamento Marítimo, Operação Portuária e Afretamento de Navios. Empresário do setor como sócio-diretor da Alphamar Agência Marítima. Atua na gestão de todos os procedimentos administrativos, operacionais e comerciais no segmento de *shipping* no mercado Tramp.

Contatos
marcelo.neri@alphamarship.com.br
(13) 99707-9706

Estar insatisfeito com sua vida profissional ou querer melhorar sua *performance* e conhecimentos podem ser dois dos principais motivos para se buscar apoio de um *coach* de carreira. Pesquisas demonstram que grande parte dos profissionais empregados se sentem insatisfeitos com seus trabalhos. Aqueles que demonstram satisfação dizem que mesmo assim poderiam mudar de emprego a qualquer momento. Os números dão base para dizermos que o mercado de *coaching* de carreira tem um vasto espaço de atuação no âmbito corporativo.

Um *coach* de carreira pode auxiliar as pessoas a encontrarem a automotivação e paixão necessárias em suas profissões e empresas, ou a tomarem a atitude para a transição para uma mudança de rumo em sua vida de trabalho tão procrastinada, buscando a compreensão do que realmente querem para lhes trazerem um real significado. Isso, entretanto, pode não ser as únicas habilidades e serviços gerados por um *coach*. Este pode atuar como um verdadeiro líder "evolucionário" dentro de sua empresa, aprofundando a compreensão dos seus liderados sobre quem eles realmente são, fazendo-os potencializar a confiança neles e a consequente produtividade em suas jornadas, o que poderia lhes descortinar o propósito escondido por trás do que realmente importa enquanto profissionais, fazendo com que o amor pelo trabalho, caso já os tenha, se torne duradouro.

O *coach* líder deve se preocupar em dialogar com as pessoas, estruturando as conversas de forma que possam deixar fluir todo seu potencial criativo, gerando novas ideias. Deve interagir para que as pessoas possam ter o necessário engajamento profissional equilibrado com as demais áreas fora de seus trabalhos, a fim de buscar uma melhor qualidade de vida. O bom líder *coach* tende a estabelecer premissas e exigir que se cumpram boas maneiras para a produção de um bom ambiente de trabalho, terreno tão importante para que se fertilizem, com maior facilidade, bons modelos mentais e maior produtividade em círculos virtuosos, alavancando a roda do desenvolvimento entre os colaboradores, por meio do cultivo de relacionamentos saudáveis entre eles.

A liderança em forma de *coach* ainda pode prover de auxílio na questão do foco na disciplina e responsabilidade, quando da transição nas mudanças de postura ou departamentos, ou até mesmo carreiras, para que os antigos hábitos, necessidades e crenças em forma de obstáculos sejam ultrapassados com tenacidade e encorajamento.

Um bom *coach*, portanto, precisa lançar mão de atributos que venham a inspirar as pessoas para que estas evoluam e criem novas realidades em um mundo onde a liderança deve ser educadora, a favor da proatividade, do aprendizado, da vontade de se superar, da atitude positiva, da geração de novos *mindsets*, novos padrões e novas perspectivas. Um bom *coach* deve ser entusiasta da contribuição, do protagonismo, do empoderamento e da liberdade de escolha. Chamamos isso de líder *coach* evolucionário e de liderança evolucionária. Para isso, é necessário que se atinja um grau satisfatório na escala da gestão da inteligência emocional.

Processo de geração de confiança
O maior papel de um líder é, sem dúvida, criar um ambiente em que exista confiança!

Por sua vez, a confiança gerada é um ingrediente relevante para o motor que vai fazer com que o ambiente se constitua em terreno fértil para o cultivo e evolução de relacionamentos saudáveis e maior produtividade.

Quando falamos em confiança, podemos elaborar que ela é mais facilmente gerada nos outros quando temos mais dela em nós, quando trabalhamos nossas mentes para minimizar o que chamamos de *Self* 1 (nosso Ego que maximiza os problemas) e maximizar o que chamamos de *Self* 2 (nosso Eu que trabalha para o autoconhecimento e minimiza os problemas).

Quando temos mais confiança em nosso potencial enquanto líderes, temos a positiva tendência em desenvolver novas lideranças, diminuindo nosso ego e dando mais autonomia com responsabilidade para os nossos liderados. Este é o genuíno papel de um líder; criar novos líderes. Nesse exato momento, fertilizamos a terra para que se colham novas lideranças por meio da confiança que é gerada tanto no interior das pessoas, quanto entre elas. Estaremos pavimentando o caminho para que em breve, mesmo em situações que a zona de conforto esteja presente e seja o obstáculo, esse desconforto seja superado e o caminho seja prosseguido. Muitas vezes, o desconforto é o caminho para evoluirmos.

A inteligência emocional é necessária para desligarmos o piloto automático de nosso *Self* 1, que, massivamente, habita em nosso subconsciente com o ego e as janelas negativas da memória (muitas vezes, representadas por experiências traumáticas do passado) e para comandarmos com maior intensidade nossos pensamentos e atitudes em nosso *Self* 2, que por meio do nosso consciente, pode gerenciar nossas reações com protagonismo e positivismo. É esse tipo de competência não cognitiva que vai fazer com que geremos maior confiança primeiro em nós, para depois produzir a confiança nos outros e no ambiente.

São estas algumas das competências não cognitivas ou socioemocionais mais importantes: autonomia, estabilidade emocional, sociabilidade, capacidade de superar fracassos, curiosidade (que podemos tratar também como inquietude intelectual), mansidão e perseverança. Para se ter uma carreira bem-sucedida e por que não dizer até ser mais feliz, os pesquisadores já decretaram que essas habilidades da inteligência emocionam importam mais do que saber fazer as coisas. O processo do fortalecimento da confiança está ligada diretamente a essas competências.

A administração de sua carreira, enquanto líder, como temos visto aqui, seja na profissão, empresa em que você se encontra, caso estas o estejam satisfazendo, ou mesmo no caso de uma mudança de área, emprego, necessita de um alto grau de confiança.

O processo de confiança é algo que deve ser pensado e executado com extrema seriedade, pois é a grande base para uma liderança de sucesso. Gerar confiança nos outros necessita de caráter e competência. Esse processo está diretamente ligado ao processo de delegação.

Delegar com autonomia e responsabilidade

No caso da aposta na liderança do time na empresa em que você se encontra, a questão da delegação é algo que devemos trabalhar nosso foco, caso queiramos ser líderes respeitados e fazermos com que a empresa atinja os resultados almejados.

Delegar é compartilhar responsabilidade. Delegar não é "delargar!".

Delegar é confiar as tarefas as pessoas e dizer que está junto com elas na empreitada!

Contratação também é uma forma de delegação muito importante nas empresas.

Delegação não deve ser feita para se ganhar tempo, mas para promover o desenvolvimento dos outros. Tempo aqui é consequência. O verdadeiro líder é aquele que tem prazer na promoção do desenvolvimento do profissional sob sua liderança. E isso pode se dar por uma combinação muito poderosa: liderança educadora e delegação com autonomia e responsabilidade.

O ciclo do sucesso

O ciclo do sucesso é formado pela preparação e desenvolvimento de todo o nosso potencial gerado pela estruturação de um plano de ações que, por meio de disciplina e determinação, vai levar aos resultados desejados e vai formar novas crenças, um novo senso de certeza (janelas *lights* – positivas), os quais vão fortalecer nossa confiança por um padrão mental virtuoso.

É necessário que treinemos nossas mentes para que tenhamos filtros mentais com percepções mais otimistas e positivas das experiências que vivemos, não deixando que nossa representação interna de memórias, valores e crenças negativas, venham a prejudicar como nós realmente devemos encarar as circunstâncias externas, que é reagindo às situações com a negação à generalização e à distorção da realidade.

Todos nós possuímos nossos próprios modelos mentais. Nossos modelos mentais determinam o que e como nós vemos. Nossos modelos mentais direcionam a forma como nos sentimos e agimos, impactando em nossos resultados.

Quando o assunto é liderança, o processo de desenvolvimento de confiança entre as pessoas passa pela ampliação da percepção e respeito ao modelo mental de todos, que, sem dúvida, deve impactar consideravelmente na qualidade dos relacionamentos. Nosso mapa mental não é o território alheio. A conscientização de que a mente, os pensamentos, as atitudes, o perfil, o caráter de cada um de nós vêm de um território formado de uma colcha de retalhos, um quebra-cabeça da história de nossas vidas, desde o nosso nascimento, com toda a herança de experiências positivas e traumas, riquezas e pobrezas de crenças que libertam e aprisionam nosso "eu" interior e faz com que tenhamos ou não a paz e mansidão necessárias para enfrentar a vida e nossos relacionamentos. Isso vai fazer com que nossos relacionamentos com os outros sejam melhores, mais saudáveis, pois compreenderemos que seremos mais felizes quando evitarmos o julgamento alheio, procurando pelo entendimento que a razão pela qual as pessoas agem de determinada forma é apenas para proteger suas crenças, sua visão e entendimento de mundo.

Conforme temos na teoria de Anthony Robbins, todos nós, de acordo com nossos valores, sem exceção, temos nossas necessidades mais arraigadas. Uns necessitam de veículos que conduzam mais a certezas (segurança) e significância, por exemplo. Outros carregam consigo maior necessidade de se sentirem conectados, enquanto alguns, sempre ou em determinado estágio da vida, procuram racionalizar menos e buscam mais por variedades no campo das emoções.

Há ainda aqueles que, arrisco dizer em um patamar evolutivo superior, já estão mais concentrados em se aprofundarem nas necessidades de crescimento e contribuição.

Todo o entendimento dessa dança teatral que é a formação de nosso modelo mental, por meio da compreensão da criação e do funcionamento e caminhos dos nossos pensamentos, irá fortalecer nossa inteligência emocional e fazer com que tomemos consciência de que podemos ser protagonistas de nossas vidas e daquilo que queremos para elas. Irá nos dar entendimento de como podemos proceder para policiar o nosso subconsciente, desligar pouco a pouco nosso piloto automático, pensar antes de reagir, analisar antes de agir, julgar menos e nos relacionar melhor, não fazer aquilo que não queremos para nós, fazer de nossa vida pessoal e de nossas carreiras um palco, onde estejamos atuando como protagonistas de um filme com final feliz.

Liderança
Inevitavelmente, quando não almejamos profissões e trabalhos de perfis mais autônomos, com características de natureza introvertida, de foco mais concentrado em um mundo de poucas conexões externas com outras pessoas, planejamos e executamos nossas carreiras rumo ao sucesso, tendo que de uma forma ou de outra nos deparar com o desafio da liderança.

Desenvolver uma boa liderança deve nos ajudar na jornada de nossa carreira profissional. Mas desenvolver uma liderança evolucionária deve nos garantir o sucesso por meio de resultados excepcionais.

Muitos líderes gastam grande quantidade de tempo para fazer atividades abaixo de seu nível de liderança. O líder evolucionário se concentra a desenvolver novas lideranças e evoluir a novos patamares.

Existem cinco níveis de liderança:
Nível 1: liderar-se;
Nível 2: liderar outra pessoa;
Nível 3: liderar um time;
Nível 4: liderar líderes;
Nível 5: liderar influenciando outras comunidades sem estar presente.

A maioria das empresas que cresceram e foram forjadas em crenças e valores de sucesso, mantendo-se por muitos anos no topo da pirâmide, dentre outros atributos e características de qualidade, detinham entre elas algo em comum: a liderança nível 5 (referência Empresas feitas para vencer – Jim Collins).

O líder evolucionário é líder nível 5. Ele deve liderar gerenciando o equilíbrio em duas rodas:

Gestor: de coisas e processos.
Treinador: de pessoas e times.

Uma liderança evolucionária compreende também habilidades e princípios de líder *coach*.

O líder *coach* foca na solução, gera ação, entende mais e julga menos, faz perguntas poderosas, conhece e se aprofunda, procurando conhecer a cada um do seu time, se preocupando com suas crenças, valores e desenvolvimento profissional.

A liderança evolucionária não é autocrática, *laissez-faire*, nem totalmente democrática.

A liderança evolucionária é quem impacta fortemente no negócio. É quem leva a empresa a um crescimento sustentável, pois além de realizar a gestão e melhoria dos processos, tem desenvolvida a habilidade para lidar com as pessoas.

Esse tipo de liderança acredita que a evolução é um processo contínuo que traz grandes benefícios aos sistemas, consciente de que são necessários tempo e dedicação para isso.

O líder evolucionário constrói ambientes seguros, estimula a evolução do ser por meio do crescimento via aprendizado diário e contribuição entre as pessoas.

O convite está feito: transforme sua carreira! Transforme-se em um líder evolucionário!

21

Do estágio à liderança

Neste capítulo, quero convidá-lo a conhecer a minha receita para o crescimento na carreira e sucesso profissional. Quais foram os passos que eu dei para sair de uma posição de estágio e chegar aos cargos de liderança em pouco tempo. Saiba que com dedicação, planejamento e, especialmente, execução, você também poderá ter uma carreira vitoriosa e chegar onde deseja

Marcelo Simonato

Marcelo Simonato

Graduado em administração de empresas pela Universidade Paulista, pós-graduado em finanças empresariais pela Fundação Getulio Vargas (FGV) e MBA em gestão empresarial pela La Salle University na Philadelphia, EUA. Possui mais de 20 anos de experiência profissional em grandes empresas nacionais e multinacionais em cargos de liderança. Ao longo de sua carreira, já realizou diversos treinamentos nas áreas de liderança e comportamento humano. É escritor e palestrante, especialista em desenvolvimento profissional e alta *performance*, atua com treinamentos e palestras em todo território nacional. Idealizador e presidente do grupo Palestrantes do brasil. Tem como propósito levar conhecimento e informação de qualidade com base em sua experiência profissional e acadêmica, deixando uma marca de motivação e transformação por onde passa.

Contatos
www.marcelosimonato.com
contato@marcelosimonato.com
Facebook, Instagram e YouTube: Marcelo Simonato Palestrante
(11) 98581-4144

Não é segredo para ninguém que o mercado de trabalho atual está cada vez mais competitivo. Ter um diploma em mãos deixou de ser, há muito tempo, um diferencial para a contratação de novos colaboradores. Esse cenário serviu como estímulo para que mais indivíduos buscassem por uma especialização profissional e dessem início a uma carreira profissional.

O estágio é visto como o pontapé inicial para um estudante que deseja ampliar seu conhecimento e garantir o seu espaço no mercado de trabalho. Mas, apenas esse fator não é garantia de uma carreira sólida, há um longo caminho a ser percorrido para que esse jovem profissional seja bem-sucedido. O primeiro passo para a realização desse sonho, certamente, é a efetivação. Ainda que não haja um manual de instruções que assegure esse sucesso, existem determinados comportamentos que todos os gestores esperam de seus funcionários e que diferem os profissionais qualificados dos demais.

Abaixo, separei dez dicas que utilizei nessa primeira fase da minha carreira e que me levaram do estágio à efetivação como assistente:

1. Aprenda com os funcionários mais experientes
Qual a melhor maneira de aprimorar seus conhecimentos técnicos e aprender sobre os valores da empresa, se não por meio dos funcionários que estão empregados há mais tempo? É crucial que o jovem profissional esteja por dentro da dinâmica da empresa para seguir os mesmos passos e potencializar ainda mais suas chances de ser contratado.

2. Saiba trabalhar em equipe
O capital humano é considerado o principal pilar de qualquer empresa. São os comportamentos, valores e habilidades que os colaboradores possuem que irão alavancar ou não o sucesso de uma organização, por isso é tão importante que o ambiente de trabalho seja saudável e harmonioso.

3. Seja proativo
Lembre-se de que superar expectativas é apenas o começo,

o perfil de profissional que as empresas buscam atualmente é de pessoas criativas e inovadoras, que não hesitem em fazer sugestões que agreguem valor à organização. Notou que alguma coisa precisa ser feita? Peça permissão para fazer.

"Uma vez que consegui ser efetivado como assistente, não fiquei parado, continuei estudando e, principalmente, me dedicando ao trabalho. Minha próxima meta seria me tornar um analista".

Quem é que não gostaria de ser promovido em seu trabalho, não é mesmo? É comprovado, inclusive, que o engajamento dos colaboradores em uma organização está diretamente ligado à possibilidade de crescimento. Cientes dessa realidade, as empresas investem cada vez mais na criação de planos de carreira, de modo a manter seus funcionários motivados na realização de suas tarefas.

Para alcançar a disputada colocação de analista dentro de uma organização, é necessário possuir um conjunto de competências técnicas que contribuam para os resultados da área em questão. De maneira bastante abrangente, características como boa comunicação e facilidade para trabalhar em equipe são habilidades consideradas básicas para esse profissional. Mas, para entrarmos mais a fundo no assunto, separei cinco dicas cruciais para garantir a promoção para o cargo e tornar-se um analista de sucesso. Acompanhe:

1. Faça diferente

Ao contrário do que muito se pensa, não são os resultados do seu cargo atual que demonstrarão sua capacidade para ocupar uma posição acima. E acredite, vejo muitos profissionais pecando quanto a isso. É necessário que o colaborador demonstre estar preparado para fazer mais e, principalmente, para fazer diferente. Esse é, sem dúvida, o melhor caminho para provar sua capacidade de assumir novas responsabilidades.

De forma prática, quero dizer que dificilmente você será promovido à analista apenas por exercer com êxito suas funções de assistente. É essencial demonstrar que você, de fato, possui as habilidades necessárias para tornar-se um bom analista. Mas é claro, para isso é necessário conhecer exatamente as responsabilidades que o cargo possui e mostrar-se capaz para a assumir cada uma delas. Caso não haja conhecimento aprofundado sobre o assunto, uma dica bacana é conversar com os colegas de trabalho que atuam na área e pedir que lhe passem um panorama geral sobre as principais atividades exercidas.

2. Pense alto

Diante dos momentos tão turbulentos que o mercado de trabalho enfrentou, sinto que muitos profissionais estão inseguros quanto à chance de uma promoção. Mas, deixe de lado o pensamento de que agora "talvez não seja o melhor momento", e pense alto! Se você se acomodar com a ideia de que a empresa dificilmente abrirá uma vaga para ANALISTA devido a sua situação atual, assim que as coisas melhorarem e o cargo estiver disponível, é bastante provável que você não esteja preparado para assumi-la, e perca essa grande oportunidade para outra pessoa. A pior parte desse cenário é que, por falta de profissionais capacitados dentro da própria empresa, a gestão opte pela contratação de um novo funcionário. E como adiantei no início do artigo, essa opção pode afetar diretamente nos resultados da organização.

3. Demonstre segurança

Ainda que um assistente demonstre a capacidade necessária para assumir o cargo de analista, antes dos gestores tomarem qualquer decisão, eles precisam ter certeza de que o funcionário saberá lidar com a pressão e as responsabilidades que essa nova posição envolve. Lembre-se de que disponibilizar um novo cargo é uma estratégia adotada pelas empresas para obter resultados mais efetivos. Sendo assim, é bastante improvável que uma organização se arrisque em oferecer essa posição a um colaborador que não transmita segurança.

Portanto, amigo leitor, demonstre estar seguro e preparado para exercer cada uma de suas funções atuais, bem como as que envolvem o cargo que almeja para o futuro. Há pouco sugeri que você forneça soluções a possíveis falhas que identificar no processo, certo? Se essa questão for levada aos superiores com convicção, não há dúvidas de que você passará uma imagem confiante à empresa e chamará a atenção de maneira bastante positiva, potencializando ainda mais suas chances de promoção.

"Eu nasci para ter sucesso e acreditando nisso, busquei me aprimorar e me espelhar nas pessoas que tiveram êxito profissional. Minha nova meta seria me tornar um grande líder."

O cargo de liderança, em especial, faz parte dos planos de grande parte dos profissionais, que consideram essa colocação como o auge de suas carreiras, portanto o quanto antes você começar a aprimorar suas competências e habilidades, maiores as chances de assumir um cargo de liderança.

E como fazer isso?

1. Seja líder de si mesmo

É evidente que liderar uma equipe exige grandes responsabilidades e, quando um indivíduo não se mostra capaz de administrar as próprias atividades que lhe são incumbidas, dificilmente terá condições de fazer o mesmo para um grupo de pessoas.

Um colaborador que não cumpre os horários estabelecidos e atrasa suas entregas constantemente, por exemplo, não passará credibilidade alguma para assumir um cargo de liderança, concorda? E repito, os gestores estão bem atentos a essa característica. De nada adianta o analista ser *expert* naquilo que faz e possuir o melhor dos relacionamentos com os colegas de trabalho, se não demonstrar responsabilidade e foco com seus próprios compromissos. Portanto, antes de pensar em liderar o próximo, lidere-se.

2. Mantenha-se atualizado

Outra dica essencial para investir no crescimento profissional e alcançar o tão sonhado cargo de liderança, é manter-se atualizado às novas tendências de sua área de atuação. Conhece a expressão "pensar fora da casinha"? Pois bem. Essa habilidade está em falta no mercado de trabalho.

Os colaboradores estão propensos a focarem apenas na empresa em que trabalham e, com isso, esquecem de olhar o que está acontecendo do lado de fora. Mas minha penúltima dica, amigo leitor, é que você busque inspiração com as novidades que o mundo lhe disponibiliza diariamente. Acredite, não há maneira mais efetiva de destacar-se profissionalmente do que sugerindo novas ideias que poderão, de alguma forma, gerar bons resultados à organização de modo geral.

3. Saiba adaptar-se

Por fim, quero alertá-lo sobre a importância da adaptação para enfrentar possíveis mudanças e problemas. Você há de concordar que a realidade de um líder pode ser bastante turbulenta, passando diariamente por altos e baixos, certo? Um profissional que não possui capacidade de adaptar-se a esse cenário tem grandes chances de estabilizar-se no primeiro obstáculo que surgir em seu caminho.

Já os indivíduos que possuem essa característica, são disputados a peso de ouro no mundo corporativo. Até porque, por meio dela, é possível contornar qualquer problema que a organização venha a enfrentar. É como disse o professor Leon C. Megginson: "Não é o mais forte que sobrevive, nem o mais inteligente, mas o que melhor se adapta às mudanças".

Concluindo...

"O crescimento profissional só depende de você, seja protagonista de sua carreira e não apenas um coadjuvante ou mero telespectador."

Tenha bons modelos, pessoas que tiveram sucesso na carreira e que podem lhe servir de inspiração e aprendizado para construção do seu projeto.

Lembre-se de que conhecimento e formação é fundamental, porém, não são suficientes para o sucesso profissional. Você precisa ter atitude e ótimo comportamental.

Não se esqueça da *network*, mantenha uma boa rede relacionamentos e saiba trabalhar em equipe.

Aproprie-se das dicas anteriores e trabalhe em prol de sua carreira.

Referências

CARNEGIE, Dale. *Como fazer amigos e influenciar pessoas*. Companhia Editora Nacional, 2016.
CHARAN, Ram. *Pipeline de liderança: o desenvolvimento de líderes*. Editora Elsevier, 2009.
COLLINS, Jim. *Empresas feitas para vencer*. Editora Alta Books, 2018.
SIMONATO, Marcelo. *Pilares do sucesso profissional*. Disponível em: <https://www.youtube.com/watch?v=szztp40VPhU>.
SIMÕES, Mário K. *Meu trabalho, meu ministério*. Editora Genesis, 2014.

22

Pare e pense!

Neste capítulo, você terá pensamentos positivos ou não, depende do seu ponto de vista. Será positivo se você buscar mudanças ou será negativo se não aceitar mudanças. A cada pensamento há um espaço para escrever e refletir sobre a dica ou sacada, seja com foco na sua vida pessoal ou profissional. O segredo é manter o foco no ponto positivo, o que a mensagem pode trazer para potencializar as suas ideias, energias e pensamentos

Marcia Attia Costa

Marcia Attia Costa

Engenheira eletricista formada pela Pontifícia Universidade Católica de São Paulo (PUC-SP) e pós-graduada em gestão de projetos. (MBA). Possui vasto conhecimento em pré-vendas, no ramo de Telecomunicações, onde atua há mais de 8 anos. Possui também sólido conhecimento em coordenação de operações logísticas e coordenação de implantação de obra. Destaca-se com alta capacidade de comunicação, de liderança e de trabalho em grupo, além de absorver com facilidade novas tecnologias.

Contato
marcia.attia@gmail.com

Preencha as linhas em branco, use-as, são suas... A imaginação também! Lembre-se de que é preciso mudar, antes que seja preciso mudar. Pare e pense, viva! A vida é muito curta para reclamar, ficar triste, insatisfeito e infeliz.
Cada frase deste livro é um *insight*!
Mude, acredite em você!

Valorize cada momento, pois ele é único!
O que você fez nos últimos dias para aproveitar todos os momentos?
_____

Abrace seus pais, irmãos e diga o quanto você se preocupa e os ama!
Escreva o nome de duas ou três pessoas que você gostaria de abraçar.
_____

Tenha um animal de estimação. É reconfortante!
Qual o significado desse pensamento para você?
_____

Cuide do seu corpo e mente, sobretudo da sua alma!
O que você pode fazer de diferente para cuidar ainda mais de si?
_____

Trate todos com respeito e educação, da mesma forma com que gostaria de ser tratado.
Qual o significado desse pensamento para você?
_____

Sorria, pois um sorriso muda o dia de muita gente, incluindo o seu!
Para quem você gostaria de sorrir ou apenas enviar uma mensagem pelo celular?
_____

Ouça músicas, pois a música é capaz de acalmar, animar e concentrar!
Qual o seu estilo de música preferido e qual foi a última vez que atualizou o seu repertório de músicas?

Abrace cada oportunidade que aparecer, pois ela será única!
Qual a oportunidade que você gostaria que aparecesse para abraçar?

Faça o que seu coração pedir, independentemente da razão, desde que não prejudique ninguém!
O que o impede de fazer aquilo que você ainda não fez?

Seja cordial no trânsito, você verá que o benefício também é seu!
Como você avalia a sua postura no trânsito, seja como motorista, passageiro ou pedestre?

Não se cobre tanto, há muito desgaste nesse processo.
O que você se cobra tanto que poderia abrir mão para ser mais feliz?

Não se importe tanto com as opiniões alheias, você não conseguirá agradar todas as pessoas!
Escreva o nome de duas ou mais pessoas que de alguma forma influenciam nas suas decisões com opiniões alheias e você gostaria de não sofrer tanto com isso.

Invista em viagens, pois além da bagagem cultural, enriquecem a alma.
Qual o seu próximo destino de viagem e o que você precisa fazer para realizar esse objetivo?

Não se curve muito aos outros, isso fará sempre de você um saco de pancadas.
Qual o significado desse pensamento para você?

Tenha uma pessoa com quem dividir os momentos da vida.
Qual o nome da pessoa em quem você confia e gosta de dividir os seus momentos? O que precisa dizer para ela, de agradecimento, que ainda não falou?

Ame!
Qual o significado desse pensamento para você?

Permita-se ser feliz!
O que o impede de ser ainda mais feliz?

Aceite e respeite o seu corpo!
Qual o significado desse pensamento para você?

Esteja em contato com a natureza!
O que você faz para estar em contato, de alguma forma, com a natureza?

Estude e aprenda com a experiência da vida!
Qual foi o último aprendizado que você teve com a vida, seja no trabalho ou em qualquer outro lugar? Como foi aprender algo novo?

Entenda que as pessoas não mudam, então aceite-as como são!
Qual o significado desse pensamento para você?

Respeite os limites do seu corpo e mente!
Qual foi a última vez que você descansou, ficou algumas horas pensando em si?

Seja persistente. Não desista dos seus objetivos!
Qual o seu objetivo, a sua próxima meta? Em que data você o terá alcançado?

Aceite as opiniões alheias. A forma como o outro vê, pode enriquecê-lo.
Qual foi a última opinião, sobre si, que você recebeu?

Na dúvida, faça! E, se der errado, corrija!
O que você já deixou de fazer com medo de dar errado?

Arrisque-se. Muitas vezes, uma perda auxilia a evoluir.
Qual foi a última vez em que você arriscou?

Não seja orgulhoso!
Qual o significado desse pensamento para você?

Aprenda a falar: bom dia, boa tarde, boa noite, por favor e obrigada.
Como você se sente quando alguém que não conhece o cumprimenta com um sorriso no rosto?

Seja claro e objetivo quando precisar de algo. As pessoas não podem adivinhar o que você quer.
Quando você pede algo, você explica e verifica se a pessoa entendeu e se irá fazer? Quando pedimos algo e as pessoas não fazem, podemos ficar chateados.

Se valer a pena não desista, persista!
O que você pode fazer de diferente para a vida valer ainda mais a pena?

Seja paciente ao ensinar seus pais, lembre-se de que eles não se importaram de repetir quantas vezes foram necessárias até a sua aprendizagem.
Quem ao seu redor, de mais idade, precisa de ajuda ou apenas uma companhia e, nos últimos dias, você não teve tempo para ficar ao lado?

Vá ao cinema, teatro e leia um bom livro!
Cite dois filmes que você assistiu nos últimos seis meses, uma peça de teatro e dois livros.

_____

Trabalhe com o que lhe dá prazer!
Se você pudesse mudar algo na sua vida profissional, o que seria?

_____

Tenha uma reserva financeira e saiba poupar, mas não deixe de viver em função disso.
Quantas horas por mês você investe para entender um pouco sobre administração financeira?

_____

Aceite os desafios. Não se subestime. Você irá se surpreender!
Atualmente, qual o seu principal desafio e o que o impede de ir em frente?

_____

Sorria, brinque, deixe aflorar a criança que existe dentro de você!
O que você mais gosta e admira nas crianças?

_____

Lute pelo que acredita não deixando se envolver por opiniões alheias.
O que você acredita que é certo e gostaria de lutar por isso, mesmo que a sociedade ou alguém diga que não é certo, o que seria?

_____

Viaje para a praia. Pé na areia, o sol e o mar irão reenergizá-lo e acalmar a alma!
Qual praia você ainda não conhece e gostaria de conhecer?

_____

Confie sempre na sua intuição, mas use-a de forma inteligente e a seu favor.
Qual foi a sua última intuição? Escreva-a!

_____

Confie, sorria e agradeça!
Qual o significado desse pensamento para você?

Quanto mais se reclama, mais pesado fica o fardo. Aprenda: os obstáculos aparecem para que possamos aprender e evoluir.

Escreva duas ou três reclamações constantes na sua vida e que você precisa parar de fazer. Pense e reflita!

23

A carreira dos novos cinquenta +

Carreira é tão perene quanto a vontade... Ainda assim, a certa altura da vida, nos vemos as voltas com uma série de dúvidas: o que já fiz? O que ainda quero fazer? O mercado ainda me quer? Eu ainda estou apto a responder as novas exigências? Consigo conciliar a vida pessoal com a carreira? Estou feliz? Somos experientes e não velhos, mas como manter a paixão pelo trabalho na maturidade?

Marisa Plaza

Marisa Plaza

Administradora de empresas e MBA em gestão de pessoas. Analista comportamental, *business & professional coaching*, membro da Sociedade Brasileira de Coaching. Licenciada *Linecoaching*. *Practitioner* em programação neurolinguística e barras de *access*.

Contatos
www.innovare.coaching.com.br
marisa.plaza@terra.com.br
innovare.negocios@gmail.com
(11) 97288-3410

Eis a nova fase em que estamos vivendo. Meio século. A pele já não tem o viço da juventude, mas aguenta e é forte. Já amamos muito, formamos família, educamos filhos. Estudamos, crescemos na carreira, ganhamos algum dinheiro. Conhecemos e perdemos gente. Seguimos as tendências, aprendemos idiomas e informática. Acertamos e erramos. Ou seja, a vida, a esta altura, já não tem mais novidade. Será???
Se olhar um pouquinho para trás, como eram seus pais com 50 anos? Quase sempre, um pouco fora de forma, casados – felizes ou não. Não importa. Tinham vivido para os filhos – o pai para alimentar e vestir. A mãe para educar e cuidar. A esta altura, o destino era se aposentar e ficar em casa, esperando a visita dos filhos e netos. E esperar que eles alcançassem voos altos, formassem família e recomeçassem o ciclo. Assim, encontravam a sua realização. Você se vê nessa imagem? Muito provavelmente, não.
Quando muito jovens, até pelo exemplo da maioria dos nossos pais, pensamos sempre que algo ou alguém vai nos trazer a felicidade. Como o tal príncipe em um cavalo branco. Um pouco mais maduros, achamos que nós é que temos que comprar o cavalo branco, convencer um príncipe a montá-lo e entregá-lo a alguém.
Nessa nova fase, as coisas mudam. É possível ver as mesmas paisagens, porém de outros ângulos. Ou, ainda, ver totalmente novas paisagens que ainda não tínhamos notado porque estávamos trabalhando freneticamente. Ou porque os filhos precisavam de cuidados. Ou então, porque estávamos ocupados demais, cuidando de alguém.
Embora existam os seus percalços – rugas, gordurinhas e aquelas dorzinhas que começam a aparecer, a menopausa, as limitações – ser jovem há mais tempo, como nós, não é tão ruim assim. Se no tempo de nossos pais, aos 50, éramos ultrapassados, hoje somos plenos. Talvez percamos um pouco da intensidade, mas, em compensação, ganhamos em qualidade. O mundo não acaba aos 50 anos! O prazer e a realização pessoal não acabam com a maturidade, muito pelo contrário.
Os 50+ de hoje são ativos. Vivem mais e com qualidade de vida, cuidam-se, exercitam-se. Aprendem a respeitar o tempo e a saborear cada momento da vida, seja trabalhando, se relacionando, bebendo uma taça de vinho bom, conversando, rindo ou chorando com os amigos.

Aos 50+, você já aprendeu o suficiente para ter consciência de que sabemos pouco e que ainda podemos aprender muito. Para a psicóloga, Mônica Yassuda, em reportagem à Revista *Isto é*, pessoas nessa faixa etária tendem a assumir novos desafios como uma forma de provar a si mesmas e aos outros que são capazes de se reinventar.

Ainda assim, muitos de nós, nessa fase, experimentam a tal crise da meia idade. É só ouvir "velho", "antigo", "no seu tempo", que nos vemos em calafrios, mesmo que tais palavras não sejam dirigidas a nós. Começamos a ter sérias dúvidas com relação ao nosso eu atual e a tudo que escolhemos. Podemos ficar as voltas com esses fantasmas, ou podemos escolher pensar que o momento, seja na verdade, uma grande chance.

Veja: até aqui, vivemos para atender às expectativas dos outros – dos filhos, do marido, da necessidade de ganhar dinheiro, do chefe, das imposições culturais da sociedade em que se vive. E agora, que cumprimos isso tudo, é hora de vivermos para satisfazer às nossas próprias expectativas. Por que, então, teríamos que aceitar o rótulo de velho?

E o que isso tudo tem a ver com carreira? Tudo. Esse pode ser um marco de recomeço.

Você está feliz no seu trabalho e acha que está valendo a pena, ótimo. Gosta do trabalho, mas quer mais tempo para fazer novas descobertas, cuidar mais de você, adeque! Se há algo que não o esteja satisfazendo mais, mude! Então, o que você quer neste momento para a sua vida?

Projeto de vida

Chegando à maturidade, como é o nosso caso, normalmente paramos para pensar: o que fizemos até aqui, tudo o que conquistamos ou não, como estamos passando pela vida.

Agora que a família já se "vira" bem sozinha, agora que a sua carreira chegou na estabilidade, agora que você já sabe muito da sua área de conhecimento. Pense aí, você não está vivendo no piloto automático?

Que tal um novo projeto de vida? Seja lá o que for. Cuidar-se melhor, ficar linda(o) para você mesmo(a), com mais energia e disposição, emagrecer, ser mais saudável. Ou, saltar de paraquedas, praticar voo livre, dança de salão, ver aflorar o seu lado artístico, conhecer lugares novos. Ou, ainda, apimentar o seu relacionamento, redescobrir o namorado ou namorada que há muito, o casamento apagou. Ou ainda começar um novo, se o seu não o satisfaz mais. Do alto dos seus 50 +, você pode sim. Pode até mesmo começar uma nova carreira. Por que não?

O importante é entender que um sonho é só um sonho, se não existe um projeto para alcançá-lo. Às vezes, passamos a vida sonhando com algo que nunca se realizou. Já pensou por quê? Porque enquanto esse sonho não se tornar um objetivo, um projeto, ele será apenas um sonho. Algo distante em que jamais colocaremos as nossas mãos.

Ao ter um projeto, você se torna criativo, faz tudo ter sentido novamente. Mesmo porque, em prol desse projeto você se conhece, se obriga a modificar coisas, descobre soluções novas.

Na minha busca pessoal pela transição aos 50+, descobri algumas coisas importantes que quero dividir com vocês.

Roteiro para a reinvenção dos 50+

Queira!
Se você quer de verdade, estará disposto a fazer tudo o que for preciso. A rever opiniões, a mudar, a fazer algum esforço. Caso contrário, você não quer de fato.

Este é o primeiro passo para chegar a qualquer lugar: saber onde se quer ir e querer ir. Isso pode significar estar pronto para fechar alguns ciclos, para algumas despedidas e você, assim, abre o seu coração para o novo. E para isso, talvez tenha que se redescobrir. Quem é você hoje?

Valores pessoais: o que são e como descobrir os seus?
Antes de saber como descobrir os seus valores, é importante saber o que é valor. E a explicação não é fácil, porque varia de pessoa para pessoa, varia na forma e na intensidade. Em resumo e de maneira bem rasa, valor é tudo aquilo que é importante para você. Valores definem a forma como toma as suas decisões.

A esta altura da vida, todos sabemos exatamente quais são os nossos, certo? Não necessariamente. Mesmo porque os valores podem mudar ao longo do tempo.

E mais, pode ser que você tenha vivido, até então, em função de valores que não eram exatamente os seus. Pode ser que tenha agido para atender ao que era importante ao seu companheiro(a), para empresa onde trabalha, para o filho.

Assim, talvez o primeiro passo para a nossa "reinvenção" seja avaliar o que de fato é importante para nós, neste momento. O que de fato é importante para mim agora? As suas respostas serão os seus valores. Com base neles, você vai entender a mecânica das suas decisões e do que o move.

Algumas das respostas que obtenho quando faço esse exercício: família, bem-estar, fé, desafio, contribuição, gratidão.

Descubra a sua missão, o seu propósito

Para falar sobre missão e propósito, vou citar alguns trechos do famoso discurso de Steve Jobs, na formatura da Universidade de Stanford, em 2005:

"(...) logo percebi que eu amava o que fazia. O que acontecera na Apple não mudou esse amor. Apesar da rejeição, o amor permanecia e, por isso, decidi recomeçar."

Ele sabia qual era o seu propósito e não fugiu da sua missão de vida.

Alguns de nós nunca souberam o porquê verdadeiramente não encontraram a satisfação no trabalho, ou no relacionamento, ou nos seus resultados. Se você não está nadando a favor do seu propósito, provavelmente vai trabalhar pelo salário, relacionar-se para não ficar sozinho e não para encontrar a felicidade.

Missão

O que você nasceu para fazer? O que faz brilhar seus olhos? Em que você é bom? O que direciona a sua vontade de aprender ou se aperfeiçoar? Já pensou que se decidir fazer disso o seu trabalho, você irá fazer o que ama todos os dias?

Propósito

Ouvi certa vez de um mentor: o mundo é feito histórias. E quais histórias você quer contar? Pelo que você quer ser lembrado? O que o faz sair da cama todos os dias?

Quando conseguir responder as perguntas, você definiu o seu propósito. E seguindo a esse chamado, encontramos a nossa realização. Isso em qualquer fase da vida, imagine agora que temos uma boa vivência de mundo.

Identifique as suas forças e as suas fraquezas. Use-as.

Quantas vezes, diante de situações quase extremas, apareceram forças que você não sabia que tinha? E se conhecesse essas forças para usá-las conscientemente? Elas nos movem de maneira certeira e ampliam as nossas chances de solução das nossas questões. Por que não usá-las? Por que não, antes mesmo do problema aparecer?

No exercício de analisar as suas forças, você poderá descobrir ou redescobrir habilidades já antigas que podem ter outros usos, ou ainda novas qualidades até então desconhecidas. E o melhor, estamos em um momento ótimo para isso.

O mesmo vale para as suas fraquezas e como fazer para diminuir os seus efeitos.

Planeje

É difícil fazer um estudo de futurologia, não é? Mas se você sabe onde está, para onde quer ir e se conhece, fica bem mais tranquilo. Considerando a nossa experiência, conseguimos olhar para nossas alternativas de futuro. Esteja ela no próximo ano, daqui a 5, 10, 20 ou 30 anos. Priorize o que ama fazer e vá dando os pequenos ou grandes passos para fazer disso, que você ama, a sua rotina. Se pensar daqui a 30 anos, terá que passar pelo que vai fazer agora, aos 5, aos 10 anos. Veja que está fazendo um planejamento a curto e a longo prazo.

Como em qualquer GPS, o primeiro passo é definir a origem e o destino. Depois, construa o plano de trás para frente, ou seja: defina o objetivo e vá retornando, definindo as ações/metas intermediárias. Estabeleça o que é preciso e em que prazo pretende atingi-las. A cada vez que chegar lá, recompense-se.

Crenças limitantes e ressignificação

> "Você pode pensar que pode ou não pode. De qualquer maneira, você está certo."
> Henry Ford

Aquilo em que acreditamos pode nos limitar ou nos fortalecer. As crenças influem em nossas decisões e ações, ou na falta delas. O bom disso tudo é que, mais uma vez, a escolha é sua. Limitá-las ou fortalecê-las está em suas mãos.

Sabe aquela coisa que lhe disseram desde que você era criança? Como por exemplo: "homem não chora", "por trás de um grande homem existe uma grande mulher", "cada macaco no seu galho", etc.? Isso, não necessariamente, é real.

Em que essa crença está ajudando? Questione-a! Se avaliar direito, verá que homem pode ser sensível e chorar, uma mulher pode estar ao lado ou à frente de um homem, um macaco pode ir para uma árvore que considera melhor e por aí afora. E você, o que faria se não tivesse medo de tentar?

Aja, aja, aja

Toda manhã na África, uma gazela acorda. Ela sabe que precisa correr mais rápido que o mais rápido dos leões para sobreviver. Toda manhã na África, um leão acorda. Ele sabe que precisa correr mais rápido que a mais lenta das gazelas senão morrerá de fome.

> Não importa se você é um leão ou uma gazela. Quando o sol nascer, comece a correr.
>
> Provérbio Africano

Sem ação, morrem sonhos, grandes ideias, grandes oportunidades, o corpo e a alma, a realização, a felicidade. Descubra o que quer fazer e faça! Simples assim.

Conclusão

Novamente, vamos ao discurso de Steve Jobs, de quem mais uma vez me confesso fã:

> Estou certo de que meu amor pelo que fazia é que me manteve ativo. É preciso encontrar aquilo que vocês amam – e isso se aplica ao trabalho, tanto quanto a vida afetiva. Seu trabalho terá parte importante em sua vida, e a única maneira de sentir satisfação completa é amar o que vocês fazem. Caso ainda não tenham encontrado, continuem procurando. Não se acomodem. Como é comum nos assuntos do coração, quando encontrarem, vocês saberão. Tudo vai melhorar, com o tempo. Continuem procurando. Não se acomodem. O tempo de que vocês dispõem é limitado, e por isso não deveriam desperdiçá-lo vivendo a vida de outra pessoa. Não se deixem aprisionar por dogmas – isso significa viver sob os ditames do pensamento alheio. Não permitam que o ruído das outras vozes supere o sussurro de sua voz interior. E, acima de tudo, tenham a coragem de seguir seu coração e suas intuições, porque eles de alguma maneira já sabem o que vocês realmente desejam se tornar. Tudo mais é secundário.

Principalmente, não deixe que nada e nem ninguém o rotule. Afinal, a vida é importante demais para que se permita que outros digam o que deve ser. Tudo o que lhe dizem é apenas um ponto de vista de quem disse e não uma verdade.

Não importam as forças dos músculos, as marcas no rosto, o que vale é o que vai na sua mente e coração. Isso, nem o tempo tira!

Velho é aquele que não aprende mais, que não se apaixona mais, que desiste, que permite que as circunstâncias o definam. Você tem capacidade e utilidade até quando quiser. Acredite!

Termino, ainda, com Steve Jobs:

"Mantenham-se famintos! Enquanto isso acontecer, você estará vivo e jovem, inclusive para o trabalho. Acredite sempre!"

24

A liderança com maestria

Liderar consiste na arte de conduzir pessoas, com êxito. Esse processo de conduzir um grupo é bem amplo. Pode ser visto não só nas empresas, mas também em comunidades de bairro, grupo de amigos, igrejas, núcleos familiares e até mesmo no meio animal. Nas empresas, o papel do líder é vital quando se fala em cumprimento de metas

Sandra Sampa

Sandra Sampa

Descendente da ilha de Okinawa no Japão e nascida na capital São Paulo, é *master executive coach* com formação internacional (Alemanha) e certificação pela ECA - European Coaching Association e pela IHCOS - International Humanistic Coaching Society. Também possui formação em *master practicioner* em programação neurolinguística (PNL), DISC, MBTI e diversas outras formações na área do desenvolvimento humano, com foco na superação profissional e pessoal. Sua primeira formação é direito. Apaixonada por tudo o que faz, atua também como terapeuta cognitivo-comportamental e empreendedora, com dez anos experiência nos treinamentos de *leader training* (LT) e *coaching*.

Contatos
www.sandrasampa.com.br
sandra@sandrasampa.com.br
(11) 98966-9888

Liderar é uma tarefa complexa. E liderar com maestria, mais complexa ainda. A maestria na liderança consiste, basicamente, no desenvolvimento de cinco quesitos fundamentais:

- **Autoconhecimento** que gera o autodesenvolvimento e a autogestão;
- **Gestão de pessoas** que inspira e motiva os liderados no alcance das metas;
- **Ação** com foco no resultado;
- **Flexibilidade** cognitiva e emocional rápida (soluções criativas);
- **Propósito** que agrega valor ao líder, equipe, organização e sociedade.

Todas demais características de uma liderança com maestria serão frutos desses cinco quesitos. Vale ressaltar que o autoconhecimento será como um "abre alas" para o autodesenvolvimento e o alicerce nas relações interpessoais (gestão de pessoas). Ação é focada em resultados. Os resultados estão de acordo com um propósito (da empresa e/ou do grupo) e a flexibilidade cognitiva e emocional será como um coringa diante dos obstáculos.

Estilos de liderança

Com ênfase nas organizações e, considerando que cada pessoa tem uma personalidade própria da qual deriva um estilo natural de liderança, há quatro perfis de líderes:

1. Dominante: líderes orientados para os resultados. Há pulso e dinamismo. Apreciam a rapidez de suas decisões e resultados. Assumem postura de comando, expondo-se mais a riscos e apreciando as mudanças. É esse perfil de líder que gosta mais de dar ordens do que recebê-las. Isso pode ter diversos efeitos como, por exemplo: são líderes menos dispostos a ouvir e aceitar sugestões, com produtividade alta, se não desmotivar a equipe, e com valor apreciativo das relações baixo. Preferem comandar com dinamismo, rapidez e foco no resultado. Daí serem mais voltados, portanto, para a lógica do que para as questões emocionais. Um estilo de liderança dominante entedia-se facilmente com a rotina, pois excitam-se com os desafios. Quando esse estilo de liderança está exacerbado e demasiadamente reforçado, tende a ser autocrata.

2. Condescendente: líderes que priorizam as pessoas e as relações interpessoais. Valorizam as pessoas e apreciam estar junto com elas. Esse estilo de liderança é mais introspectivo e não gosta de se expor, de ousar. Daí serem líderes mais cautelosos quanto o cumprimento das normas e regras. Esse líder agrega enquanto aglutinador e acolhedor dos membros da equipe, pois considera e pondera a opinião do outro. Não é um líder imperativo como um líder dominante, e buscará compreender os sentimentos de cada um de sua equipe. São líderes relacionais, com valor apreciativo alto para as pessoas. É, por exemplo, aquele gestor que sabe ouvir e entender os problemas de seu colaborador, poupando-lhe uma advertência. Tem dificuldade, às vezes, em dizer não e, por isso, podem assumir responsabilidades que não são diretamente suas, em prol da harmonia da equipe. Exercem liderança passando instruções e direcionando a equipe para atingir valores, cujas necessidades foram explicadas.

3. Formais: líderes que dão ênfase às regras e formalidades. Seguem as regras e gostam de fazer o certo. Com foco no trabalho, alcançam o objetivo com trabalho árduo e não pela conversa. Tendem a ser líderes controladores e formais. Em sua maioria, são mais racionais do que emocionais. Têm iniciativa, mas podem ter mais dificuldades na entrega do resultado esperado (ou "acabativa"), especialmente quando estão sob pressão. Bastante cautelosos, jogam pelas regras do jogo e pouco se arriscam. São líderes concentrados, lógicos e apresentam resistências às mudanças inesperadas.

4. Informais: líderes que apreciam o estilo informal e liberal da liderança. Há desprendimento de regras e padrões preestabelecidos. Trata-se de um estilo de liderança que assume desafios pela vontade de fazer diferente, e não necessariamente pelo foco no resultado. Costumam ser líderes descontraídos e voltados mais para as pessoas do que para o trabalho / processos do ofício. Logo, dificilmente cobrarão uma pontualidade britânica de sua equipe, mas buscarão estimular nela a criatividade e o diálogo entre todos. Quando a liberalidade não é um obstáculo à meta desejada, costumam apresentar produtividade alta, especialmente quando formam equipes engajadas em propósitos e valores comuns. São líderes liberais, francos e abertos.

	OUSADOS	
LÓGICOS	Dominante Rápido	Informal Diferente	**EMOCIONAIS**
	Formal Certo	Condescendente Junto	
	CAUTELOSOS	

Fig.1: Síntese dos quatro estilos de liderança.

Nenhum dos tipos de liderança é melhor ou pior do que o outro. Pelo contrário, todos são importantes em diferentes situações, para diferentes demandas.

É comum nas organizações, durante o processo de recrutamento e seleção, ter entrevistas e aplicação de testes para mapear não só o conhecimento técnico dos candidatos à vaga, mas também o seu comportamento e o perfil de liderança. As organizações identificarão o estilo de liderança do candidato para determinada equipe, setor, função e demanda, a fim de atingir as metas da empresa.

Mas qual será a liderança mais indicada em tempos atuais, em que as mudanças são constantes e velozes? Qual a melhor liderança para atuar num mundo volátil e imprevisível?

Aí está o cenário ideal para líderes atuarem com maestria, pois a maestria da liderança vai além dos quatro estilos. Consiste em liderar de forma a perceber, imediatamente, as mudanças no cenário global e alinhar suas estratégias conforme as expectativas das organizações. Alinhar as estratégias, teoricamente, pode parecer algo simples, mas exige muita coisa. Significa permear entre os quatro estilos de liderança, às vezes em um só dia. Alinhar estratégias envolve uma flexibilidade cognitiva para aprender, desaprender e reaprender, o tempo todo, equalizando com um relacionamento motivador com toda equipe.

Maestria em liderar consiste na capacidade de dar respostas às demandas de um ambiente volátil.

Mundo volátil

O mundo muda profundamente (prospecto qualificador), cada vez mais (prospecto quantitativo) e cada vez mais rápido (prospecto de velocidade). Não faz muito tempo que usávamos mapas e guias impressos nas nossas viagens de férias. Parece que foi ontem a época em que a nossa comunicação era analógica e que não sabíamos como compartilhar nada, do carro ao local de trabalho. Tudo mudou. Posso imaginar que em todas as culturas, desde aquelas mais resistentes e engessadas até as mais flexíveis e permeáveis, podemos perceber instabilidades e mudanças, especialmente sob a ótica da irrefreável tecnologia. E quanto a economia brasileira, também chamada de "economia resiliente" com diversos planos econômicos ao longo de sua história e seus altos e baixos, também representa tamanha volatilidade. E as instabilidades políticas e econômicas por todo o mundo, considerando que vivemos em rede *lato sensu*, com efeitos sistêmicos. O mundo, definitivamente, é volátil[1].

Talvez a primeira conotação de volatilidade possa ser negativa ou ruim. Afinal, como desenvolver e manter a segurança, a confiança e a previsibilidade num mundo instável o tempo todo? Mas quero registrar aqui a beleza intrínseca na mudança. É nos conflitos que tendemos a nos impulsionar adiante. É na mudança que surgem as evoluções e podemos desafiar a nós mesmos, nos superando com o sucesso ou com o valioso aprendizado do erro, em caso de fracasso. Vale a ressalva pontual sobre fracasso: a inércia é infinitamente mais nociva do que um fracasso fruto de ações sem sucesso.

Um mundo volátil quebra as muralhas, até então intransponíveis, que dividiam dicotomias como: razão e emoção; resultados e pessoas; coração e mente; autoridade e liberalidade; convencional e inovador etc... No mundo volátil, tudo muda o tempo todo, com mudanças sistemáticas e não lineares. Tudo afeta tudo. Logo, o líder do tipo "eu mando e você obedece" está com os seus dias contados se fizer isso o tempo todo. E o líder mergulhado em sua zona de conforto, seja pelos resultados já obtidos, seja pela desmotivação em evoluir, está fadado a ser massacrado no caminho das incertezas e instabilidades econômicas, políticas, sociais e tecnológicas, afinal, o sucesso começa quando a zona de conforto acaba!

A maestria de liderar em no mundo volátil

Um mercado em constante transformação exige novas atitudes dos profissionais que, além de se atualizarem, devem ser capazes de desenvolver novas competências constantemente. O aparecimento frequente de novas tecnologias, por exemplo, exige novos mercados que, por sua vez, exige novos comportamentos. Se pensarmos sob a ótica das novas profissões que surgem, e que tantas outras estão desaparecendo, e se pensarmos em realidade virtual, inteligência artificial, a relevância de

---

1 Volatilidade (dicionário) = inconstante, instável, variável, volúvel, transformável.

se conectar com essas novas demandas por meio de novos comportamentos e estilos de liderança é imprescindível, como um fator de sobrevivência. O líder atual precisa saber percorrer em estilos diferentes de liderança, como um processo de aprender, desaprender e aprender o tempo todo. Não cabe mais categorizar as pessoas e seus comportamentos enquanto líderes em um ambiente instável que exige rápida adaptação às mudanças e solução de problemas reiteradamente.

Todos os estilos de liderança vestem esse novo líder, desapegado do seu ego seguro (e por que não: vaidoso) para prender-se ao incerto e complexo mundo volátil. Isso me faz lembrar o clima da cidade de São Paulo, onde vivo. Antes conhecida como a "terra da garoa" e hoje como "a terra das quatro estações em um só dia". É preciso estar pronto para o que vier, na velocidade das transformações.

É mais do que adaptar-se, pois a adaptação, apesar de bem-vinda e positiva, ocupa uma posição passiva, como aquele que absorve o que vier. A liderança em si é ativa e interfere propositalmente em um contexto a ser superado.

É o próprio líder quem define qual posição deve assumir diante de cada situação, ele decide qual perfil de liderança usará em determinado contexto: ora autoritário, ora liberal, ora voltado para as pessoas, ora voltado para as regras. Trata-se de uma tomada de decisão interna, psíquica e energética, somada às competências e habilidades que já possui, como alguém que é inesperadamente convidado a subir num palco, com uma grande plateia a sua frente, para ter que discursar sobre algo que não se preparou, em curto tempo, sob pena de morte se for não aplaudido fortemente. Esse caminhar no escuro, antes de ser uma adaptação, é uma tomada de decisão. Verdadeiros líderes transformam o caos em oportunidades de crescimento, enquanto líderes comuns criam desculpas para o fracasso.

E mais, na liderança com maestria há a compreensão de que a maneira como o líder age e se relaciona com a sua equipe impacta em todos indicadores, definindo o seu sucesso ou fracasso.

Nas palavras do filósofo Mario Sergio Cortella: "O que é liderar? É ser capaz de inspirar. Inspirar pessoas, ideias, projetos, situações. O líder é aquele que infla vitalidade. Eu não estou usando a palavra 'inspirar' à toa. A noção de inspirar é dar vitalidade. É animar. O líder é capaz de animar, palavra que vem do latim *anima* e que significa alma... de *anima* vem 'animal', 'animação', 'animado'. A tarefa fundamental que desenvolve a liderança é ser capaz de inspirar as pessoas." (do livro: *Qual é a tua obra? Inquietações propositivas sobre gestão, liderança e ética.*)

Profissionais que ocupam posição de líderes, portanto, devem inspirar pessoas diferentes, com valores e crenças diversos, para um mesmo propósito. Isso revela o tamanho do desafio de exercer a liderança no contexto de tanta diversidade.

Liderança e ação

Liderança é ação e não posição! Não há que se falar em liderança sem falar em ação. Trata-se de um quesito vital em qualquer líder, em qualquer lugar que ele atue, desde organizações até em núcleos familiares, sem o qual ele deixa de ser realmente um líder. Todo líder precisa agir. Não se fala em lideranças com ideias e teorias que não saem do papel. A liderança pressupõe a execução e o movimento da ação, rumo a um resultado. O agir envolve o manifestar-se no mundo externo, alterando-o de alguma forma. Ainda que a ação enseje resultados insatisfatórios, o fracasso por meio de uma ação também é um aprendizado que impulsionou o líder e sua equipe adiante. Como imaginar o empreendedorismo sem a ação? Não há sucesso sem ação!

Portanto, considerando que liderar com maestria exige as competências diversas que são sintetizadas em cinco características, como demonstrado na figura abaixo.

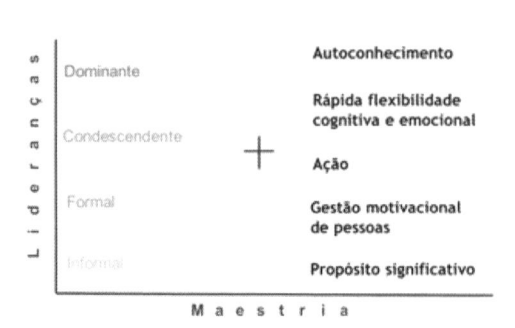

Fig. 2: Os 4 perfis de liderança associados a liderança com maestria dentro de uma realidade volátil.

25

Liderando sua carreira

Competências, habilidades, técnica e desenvolvimento, todos conseguimos, por meio da força de vontade, mas de nada adianta se não sabermos qual resultado queremos alcançar

Sérgio Albuquerque Jr.

Sérgio Albuquerque Jr.

Coach profissional e pessoal pela Sociedade Brasileira de Coaching. *Master & executive coach* pelo Instituto Caroline Calaça. *Coach* vocacional pelo Instituto Maurício Sampaio e especialista em *coaching* em grupo pelo Instituto Wilton Neto. Consultor de empresas (desenvolvimento de equipes de vendas), empreendedor e empresário.

Contatos
www.sergioalbuquerque.com.br
contato@sergioalbuquerque.com.br
LinkedIn: sergioalbuquerquecoach
Facebook: sergioalbuquerquecoach
Instagram: sergioalbuquerquecoach
Twitter: sergioalbuka
YouTube: Sérgio Albuquerque Coach.
Skype: sergioalbuka
(11) 99212-3264 / (11) 3230-9010

Fiquei muito feliz com a possibilidade de ser coautor neste livro que, tenho certeza, ajudará muitos profissionais a terem alta *performance* em suas carreiras, bem como aqueles que estão iniciando, que já iniciem com um rumo mais definido, e para os que já são maduros, trará oportunidade de reciclagem e autoconhecimento.

Há tempos queria escrever um livro e, com o prazo apertado para elaborar este capítulo, não tive outra opção, ou vai ou vai, tenho que sentar, escrever e colocar as minhas ideias sobre o que é ser líder de carreira em prática.

Ser um líder de sua carreira é um desafio muito grande para a maioria dos profissionais, mas o que diferencia, de fato, um profissional do outro? Provavelmente, muitos fatores. Vou elencar apenas os que acho primordiais:

- Inteligência emocional;
- Organização,
- Planejamento;
- Foco;
- Disciplina.

Esses itens, sem dúvida alguma, são de suma importância para o profissional líder de sua carreira.

Inteligência emocional

Quando Daniel Goleman escreveu o livro *Inteligência emocional,* em 1995, o que predominava como verdade absoluta na hora de escolher um profissional era o QI – Quociente de inteligência, e as discussões eram todas em cima desse conceito. E aí, de repente, surge uma nova forma de se pensar sobre os ingredientes do sucesso na vida, o QE – quociente emocional. Ainda não se tem os dados exatos sobre o que é mais importante ter, um alto QI ou um alto QE, sabe-se, portanto, que o alto QE é fundamental para profissionais que se destacam pela excelência em suas vidas pessoais e profissionais. O QE, segundo Goleman, compreende cinco habilidades específicas: autoconhecimento emocional, controle emocional, automotivação, empatia e desenvolver relacionamentos interpessoais (habilidades sociais).

Organização
Não falo aqui da organização da mesa, escritório, gavetas, pois há muita gente de sucesso que não tem estes itens tão organizados assim, mas falo da organização para o trabalho, para realizar as atividades com um alto índice de produtividade, ou seja, se organizar para ter um dia muito produtivo, apesar das interferências e das coisas que fogem ao nosso controle, mas, quem tem uma pauta a ser seguida, com certeza sai na frente de quem não tem e fica batendo cabeça o dia todo e, ao fim desse longo e cansativo dia, a sensação foi de que nada mudou.

Planejamento
Um dos itens muito importantes, e que tem a ver com organização, é planejar sempre a sua carreira, pois, a partir de um planejamento, sabe-se onde quer chegar, e se chega, sem dúvida alguma. Há muitas formas para o crescimento, que vai desde o *network*, tão em voga em nossos dias, leitura de livros, cursos, especializações, redes sociais profissionais, enfim, é uma gama tão grande que, sem um planejamento bem definido, dificilmente conseguimos sucesso, pois é preciso planejar para saber onde se quer ir, não é?

Foco
Um dos itens muito relevantes para o sucesso é o foco. Não adianta querermos ser bons em tudo o que fazemos. É cansativo querer saber tudo, e é improdutivo. Mas, aos poucos, se especializando em algo, e depois ir para outra especialização, sim, sem dúvida, é o melhor caminho.

Disciplina
Foco vem antes da disciplina, justamente porque, antes de fazer, de ter o hábito, e sermos disciplinados, temos que focar naquilo que é importante. Vamos a um exemplo claro, se eu quero ser líder na empresa que trabalho, e sei que preciso de determinadas habilidades, determinado conhecimento técnico, e, num caso não muito comum, tempo de casa, tenho que focar nisso, nas habilidades necessárias, no conhecimento técnico e na disposição em aprender sempre mais.

O marketing pessoal
Agora que vimos acima alguns pontos importantes para a liderança da carreira, é importante, sim, fazer *marketing* pessoal.

Mas, de nada adianta fazer um *marketing* pessoal bem feito, se as atitudes estão em contraponto. Um exemplo muito claro é o do executivo que se vende como proativo, como uma pessoa sempre em busca de novidades, como um líder carismático, como aquele líder focado no resultado. Porém, no dia a dia, ele tem medo e demonstra isso a todo instante de novidades e de tecnologias, trata mal o seu time e os seus clientes, faz bagunça e não tem foco realmente no resultado. Isso é um tiro no pé, e muitos reclamam que ficam estagnados em suas carreiras, e não entendem muito bem o que ocorre.

Como ter consenso entre ação e *marketing* pessoal? Simples, tudo o que se prega, tudo o que se fala, tudo o que se vende é importante que as ações acompanhem, só assim a sua carreira, definitivamente, terá o reconhecimento esperado e o resultado que você almeja.

Atitude e ação
O líder de sua carreira tem ainda muito forte em sua conduta, a atitude e a ação. Bem, são muito próximos os conceitos de atitude e ação, mas dá para diferenciá-los de forma bem clara.

Eu tenho atitudes no meu dia a dia, que me levam a ser reconhecido como um profissional, ou como um profissional não tão bom assim, minhas atitudes, ou seja, como eu me relaciono com os meus pares, com meus superiores, com meus clientes, com meus fornecedores, com meus subordinados demonstra algo ímpar, ou seja, se eu tenho boas atitudes, como respeito e dedicação por pessoas, o bem mais valioso nas empresas, e minhas ações que estão mais voltadas ao meu desempenho profissional, ou seja, eu ajo na hora certa, eu ajo com base no planejado, enfim, eu tenho uma carreira sólida, que tem atitude e ação ao mesmo tempo, e sou, por isso, reconhecido.

Só que, para que possamos ter boas atitudes e boas ações, é importante sempre fazermos reflexão, termos *feedback* constantes, não só de nossos superiores, mas de todos aqueles que achamos por bem perguntar, afinal, não somos donos da razão.

Como ficar conectado consigo para liderar a vida e carreira?
Uma das melhores formas de estarmos conectados conosco, termos domínio de nossa vida e de nossa carreira, enfim, sermos líderes do nosso caminho, é o autoconhecimento.

Como a sorte é o encontro da preparação com a oportunidade, quanto mais nos conhecemos, mais conseguimos nos preparar para que a "sorte" apareça e nos prepare para sermos líderes de nossas carreiras.

Por outro lado, nem sempre conseguimos sozinhos. Há muitas formas de nos conhecermos:

Autocrítica, *coaching*, psicanálise, psicoterapia, grupos de discussão, *feedback*, enfim, deve haver uma lista bem maior, porém, vou focar em uma, que é o *coaching*.

O *coaching* é, como entendo, uma metodologia que utiliza ferramentas cientificamente comprovadas para que tanto profissionais como pessoas atinjam níveis de excelência em suas vidas e profissões.

Quando passei pelo primeiro processo de *coaching*, foi muito interessante, pois a cada semana, descobria algo sobre mim, que não havia reparado ainda. Isso me fez mudar muitas coisas, desde atingir novos níveis de produtividade, até fazer a formação em *coaching*.

O interessante do *coaching* é que ele mexe conosco de maneira irreversível, claro que é importante ter conexão com um bom profissional, que, além de habilidades técnicas, você tenha empatia com ele, com isso, o resultado é potencializado. Só faz *coaching* quem realmente quer mudar alguma coisa e sozinho não está conseguindo.

As sessões de *coaching* podem ou não ter o uso de ferramentas específicas e validadas para que o processo se desenvolva da melhor forma possível. Chamamos de ferramentas os arsenais disponíveis para que o trabalho evolua de forma consistente e documentado.

Desde o início, com uma avaliação de perfil, até o fim do processo, com uma análise e avaliação do todo, o *coaching* é efetivo e deve promover mudança e conquista de resultados efetivos.

Para que estejamos sempre conectados com os nossos objetivos e, claro, objetivos do trabalho, sejamos quem formos, no cargo ou profissão, que seja, recomendo o uso de uma ferramenta muito interessante, que é a roda de competências.

Por meio da roda de competências, temos uma visão em 360 graus de onde estamos fortes e onde necessitamos desenvolver as nossas habilidades.

Literalmente, a roda de competências nos põe em contato com uma realidade gráfica da situação atual de nossas competências, nos ajuda a identificar onde estão os *gaps*, as lacunas para que atinjamos novas habilidades.

Você mesmo pode fazer de forma simples a sua roda de competências, segue um modelo abaixo, e, para cada pedaço, faça uma reflexão profunda, verdadeira e objetiva, e se dê uma nota de 1 a 10, pintando os espaços de acordo com a sua pontuação:

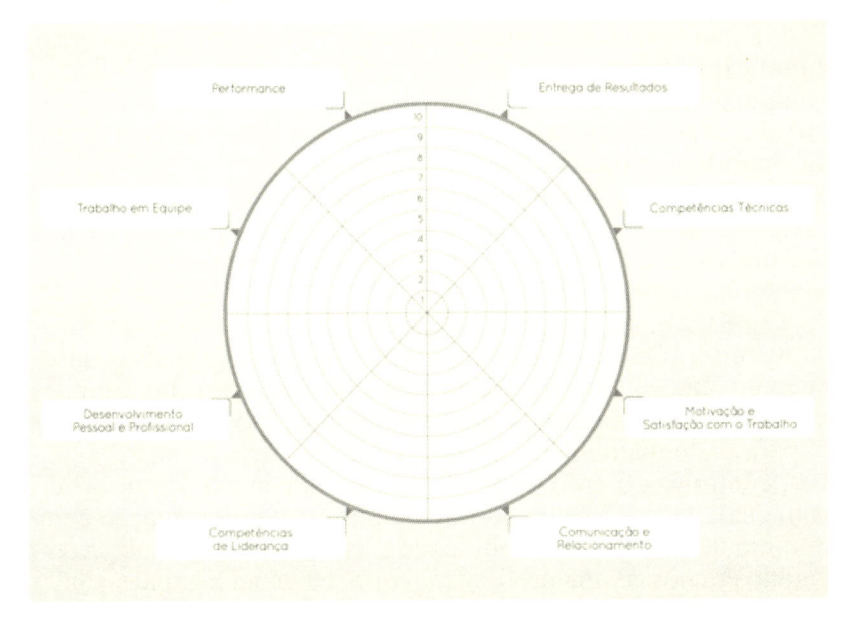

[Roda de competências com oito áreas: Performance, Entrega de Resultados, Competências Técnicas, Motivação e Satisfação com o Trabalho, Comunicação e Relacionamento, Competências de Liderança, Desenvolvimento Pessoal e Profissional, Trabalho em Equipe]

O bom desta ferramenta de *coaching* é que você terá condições de, periodicamente, se analisar, claro, que existem muitas e muitas outras ferramentas, e que a roda de competências é uma delas, que nos dá um norte de como devemos evoluir em cada uma dessas oito áreas propostas.

Da mesma forma que não basta estudarmos uma matéria na faculdade, não basta lermos apenas um livro para termos conhecimento, no *coaching* é a mesma coisa.

É preciso estar em contato consigo, organizando, planejando, tendo objetivos claros com metas bem definidas, e, constantemente, aferindo os resultados para saber se estamos no caminho certo.

Habilidades e competências que o mercado vai exigir dos profissionais

O fórum econômico e social de 2017 elencou o que alguns especialistas entendem ser as habilidades necessárias para os profissionais do futuro, e não um futuro distante, mas, sim, um futuro bem próximo, 2020.

Flexibilidade cognitiva, em resumo, ampliar a maneira de pensar; inteligência emocional, identificar os nossos próprios sentimentos, para agirmos de forma melhor; gestão de pessoas, afinal, o maior capital das empresas e líderes; criatividade, ser livre para deixar a criatividade fluir; pensamento crítico, envolve lógica e raciocínio, e será uma das maiores habilidades de todo líder e profissional nos próximos anos; resolução de problemas complexos, é preciso aprimorar a prática de resolver problemas complexos e coordenação com os outros, é importante ter o espírito de trabalho em equipe, afinal, colaboração é de fundamental importância para os líderes de sucesso.

Para que você seja um líder de sua carreira, atente-se para esses itens anteriores e, claro, a perfeição não existe, mas que tentemos ser cada dia melhores, isso já é um grande passo.

O resultado

Para sermos os verdadeiros líderes de nossas carreiras, além de muito autoconhecimento, organização, planejamento, e alguns outros pontos colocados acima, é importante sabermos claramente para onde queremos ir. Não é preciso planejamentos exaustivos, controles obsessivos, mas, sim, termos noção de que é fundamental um mínimo de norte, um mínimo de organização e um mínimo de controle e sensibilidade para obtermos o resultado esperado em nossa vida profissional, que reflete na pessoal.

Vemos muitos executivos com anos de empresa e muita experiência trocarem tudo por seu sonho pessoal, antes de ficarem numa idade que não podem mais dar essa guinada, justamente porque entenderam a essência da liderança da sua vida.

Qual resultado você deseja em sua carreira? Ser líder dela ou ser liderado por ela?

Parar para nos entender, fazermos perguntas-chave para nós, além de para os outros, é uma das formas de tomarmos o controle.

Se quisermos liderar a nossa vida, há muitas maneiras, porém, a melhor de todas é nos conhecermos bem, e sabermos do que somos capazes.

Competências, habilidades, técnica e desenvolvimento, todos conseguimos, por meio da força de vontade, mas de nada adianta se não sabermos qual resultado queremos alcançar.

Por isso, sigamos sempre em frente, donos de nosso caminho, e não perdendo a oportunidade de sermos observadores de nós, bem como dedicados a sermos os verdadeiros líderes de nossa carreira.

Obrigado!

26

A profissão do futuro: *coach* treinador!

O *coach* tem ganhado espaço na sociedade, mas, como em qualquer profissão, a atualização intelectual é constante e dinâmica. A velocidade é comparável à rapidez do avanço da tecnologia que muda a cada fração de segundo. Neste capítulo, apresento a nova forma de crescer na carreira, aumentando a quantidade de *coachees* que procuram desenvolvimento pessoal ou profissional. Seja um *coach* treinador e fortaleça os seus conceitos, metodologia e filosofia de vida, mantendo a essência dessa linda profissão. Valorize a sua missão de transformar as pessoas

Sidney Botelho

Sidney Botelho

Master coach, master trainer, professional self coach e especialista em *coaching* ericksoniano pelo IBC – Instituto Brasileiro de Coaching. Pós-graduado em negócios e serviços (Universidade Presbiteriana Mackenzie). Experiência de 27 anos nas áreas de TI/Telecom, com passagens em grandes multinacionais; 21 anos na área de rádio e TV, atualmente é âncora de telejornal na Rede Gospel de TV e apresentador na rádio Trianon AM; 19 anos na área de cerimonial e eventos como apresentador, denominado o craque das cerimônias, pelo apresentador da Rede Globo, Fausto Silva. Escritor do livro *Além do microfone: improvisos de um mestre de cerimônias*; coautor dos livros *Coaching: mude o seu mindset para o sucesso* e *Manual completo de empreendedorimo* (Editora Literare Books). Treinador de alta *performance* e palestrante nas áreas de comunicação, estratégias, motivação e cerimonial. CEO da Toyê Coaching & Training.

Contatos
www.sidneybotelho.com.br
contato@sidneybotelho.com.br
Facebook: Sidney Botelho - Master Trainer e Coach
Instagram: sidneybotelhooficial

A carreira de *coach* cresce a cada dia que se passa, em uma velocidade rápida, fazendo os profissionais se prepararem na mesma frequência em que cresce a quantidade de solicitações e pedidos dos clientes que buscam o desenvolvimento humano e profissional.

O crescimento é muito amplo quando as oportunidades surgem à frente, é eficaz na construção de uma nova profissão, gera autoridade perante muitos que o veem como o especialista da área de atuação que tanto necessita e que deseja repetir técnicas, ou mecanismos que alavanquem e criem um novo jeito de viver e seguir os sonhos e suas respectivas metas.

O cenário positivo dessa profissão do futuro mostra para a sociedade que todas as pessoas necessitam desse profissional ao lado, direcionando e mostrando alternativas para uma vida transformadora e de muita abundância.

Diante de tudo que é apresentado, a carreira de *coach* precisa se inventar constantemente, diante do mercado competitivo, com um universo de leques para suprir as lacunas existentes e, ao mesmo tempo, facilitar o entendimento do maior objetivo da profissão, que é fazer com que as pessoas tenham atitudes que lhes potencializem em todas as circunstâncias.

Ser *coach* é ter a consciência de possuir a missão de transformar as pessoas em prósperas e capazes de encarar a realidade de suas limitações. O profissional utiliza ações poderosas que trazem novas formas de se planejar e agir diante dos obstáculos que aparecerão.

Tudo isso é maravilhoso quando, realmente, o profissional conquista a sua clientela ou cria a autoridade máxima no setor de atuação. Observo que muitos profissionais direcionam as suas forças para garimpar clientes, com muitas dificuldades para que o resultado alcançado não seja apenas transformar a vida da pessoa que o procurou, mas transformar literalmente a vida do próprio *coach*, nos quesitos emocional, psíquico e o que todos não dizem, mas é o que dará a motivação esperada, que é o financeiro.

É muito lindo ajudar as pessoas, eu mesmo ajudo centenas de pessoas a alcançarem os seus resultados, mas a energia que ofereço para cada sessão individual ou à cada grupo de pessoas que treino. Isso me fortalece para seguir em frente, com a sabedoria de deixar o meu legado no coração de todos. Eu aumento a capacidade de valorizar o meu trabalho perante quem me solicitou a ajuda ou o desenvolvimento intelectual.

Saber usar as ferramentas para desenvolver o *coachee* é fundamental para todos os profissionais, mas esses nunca podem se acomodar com o básico e esquecer de buscar formações e especializações em *coaching*. Gera total domínio de entendimento para que, em todas as situações, tenha a solução exata para passar ao cliente o que, realmente, é essencial para ele sair daquele estado atual e avançar em direção ao que se busca para o melhor, nunca permitindo a regressão pessoal ou profissional.

É utopia dizer que o *coach* vai mudar o mundo e criar pessoas preparadas para enfrentar todas as dificuldades que a vida proporciona à cada fração de segundos, digo isso, porque existe muita discrepância do que se entende por *coaching*.

O *coach* precisa de outro *coach*. Essa afirmação não é minha e muitos outros especialistas expressam em seus seminários e congressos essa ideia, além dos treinamentos que oferecem para o seu público fiel e, em muitos casos, legionários.

Nos dias atuais, é muito comum os *coaches* se formarem e não cortarem o cordão umbilical. Seguirem os seus mentores como uma sombra, permanecendo ao lado deles, servindo-os. Como reconhecimento, apenas recebem um "muito obrigado". Esse profissional que se permite a essa forma de vida, o chamo de legionário, pois se cria a legião de boa vontade, esquecendo do principal, que é colher o conhecimento e seguir, com seus próprios passos, a sua história e a sua missão de vida, levando o que é de bom e o de melhor do respectivo mentor.

Agora vem a reflexão: se o mentor passou o conhecimento corretamente e ensinou o caminho, então por que não caminhar com as próprias pernas e fazer valer o investimento que fez em você?

A solução eu apresento neste parágrafo, a você, afirmando que a sua carreira de *coach* dará um salto gigantesco na busca de clientes, enriquecendo-o de experiências para transformar a sua vida e a de milhares de outras pessoas: ser um *coach* treinador!

Por que ser um *coach* treinador?

Em qualquer nova profissão existe o começo e, justamente no início da carreira, percebemos que as oportunidades tardam a aparecer e o desânimo se torna algo presente nos pensamentos. As dificuldades aumentam, mas a sobrevivência é daqueles que não se entregam e agem convictos do que desejam e o que querem alcançar. Isso é o que falamos para os nossos *coachee*s, mas o que dizemos para nós? Eu digo: pense grande e seja audacioso com o seu projeto de vida profissional. Levante a cabeça e enxergue as chances que estão a sua frente.

Acreditar que no momento em que se forma *coach*, o cliente baterá a sua porta ou mandará uma mensagem com uma solicitação de sessões, não acontece, na maioria dos casos. A captação de clientes é muito acirrada. Se o profissional não possuir uma rede de contatos ampla e o domínio da nova profissão, não conseguirá dar passos largos como se esperava.

Eu vivi essa mesma dificuldade no começo de carreira como *coach*. Mesmo com tantos contatos nos meus ramos de atuação que possuo, sendo 27 anos nas áreas de TI e Telecom, 21 anos na de Rádio e TV, e 19 anos na de eventos, exercendo diariamente todas elas, percebi que poderia agregar muito para as pessoas que me conheciam e as que eu conquistaria com o tempo.

Sendo assim, decidi treinar pessoas para se tornarem treinadores de pessoas, especializados em treinamentos de multiplicadores de conhecimentos e de técnicas, tendo como meta alcançar a maior quantidade de pessoas que agregariam na sociedade como um todo, mantendo vivo o meu legado e a missão, de transformação de vidas.

Treinar pessoas é estar convicto de que o método "olho a olho" de *coach* se amplia para a multidão, gerando o entendimento individual, o que é o mais importante para mim. A integração entre todos que buscaram o treinamento específico gera algo maravilhoso de unir e repartir o que possuímos, que é o conhecimento.

Não é nada novo o que estou mostrando para você, leitor, mas afirmo que esse é o jeito mais rápido de trazer o cliente para perto de você. Em nenhum momento deixar de atender ou de oferecer o serviço individual do processo de *coaching*, mas fazer com que todos percebam que quando você está ensinando alguém em grupo, o resultado no particular será mais eficaz, pela conexão que existirá naturalmente entre as partes.

Como ser um *coach* treinador?

Ser um treinador não é fácil, pois o domínio do palco tem que ser a maior habilidade que o profissional deve desenvolver, pois quem possui o dom natural, logo sai à frente daquele que busca o aprimoramento neste quesito, todavia, não se desespere. Com aptidão de amplo conhecimento e com dedicação, logo surpreenderá multidões e pessoas que estão sempre ao seu lado, principalmente essas que verão em você uma nova característica que poderá ser extraída como aprendizado.

Se você pensa que é só subir no palco e conquistar o mundo, não se iluda. A conquista vai além de apenas expressar-se com o conhecimento ou algumas dinâmicas em grupo ou motivacionais. Ser treinador é "encantar" em todas as letras dessa palavra. As pessoas que se propuseram a estarem ali para te assistir, aprender, e o melhor, contratar os seus serviços de *coaching*, consultorias, mentorias ou treinamentos.

O processo é muito simples e apenas cabe ao profissional acreditar em si, fazer um plano de ação eficaz com etapas que devem ser seguidas pontualmente, para que a estratégia seja a mais certeira possível, gerando o retorno do investimento esperado e o objetivo maior: alcançar o maior número de pessoas que permanecerão com você em seus negócios ou treinamentos.

Todo treinador de alta *performance* tem um método de atrair o seu público, sendo por palestras, congressos, treinamentos, livros, *e-books*, *lives*, *webinar*, entre inúmeros meios de divulgação. Porém, o que muitos não conseguem é administrar o grupo de pessoas que se interessa pelo conteúdo oferecido, naturalmente gratuito, à venda de serviços que agregam ao cliente que lhe procurou.

Quando se acerta na estratégia, o *coach* treinador tem o auditório com a plateia, independentemente se o evento tenha pouco ou muito público. O evento tem que ser o maior da sua vida, pois o que se oferece para apenas uma pessoa tem que ser a mesma energia para a quantidade que está presente.

O primeiro passo é criar um clima motivacional envolvente, deixando todos empolgados com a sua presença. É preciso entrar em cena, trazer o respeito deles para você, por intermédio do seu conhecimento, sua história, sua experiência. Mas, o que nunca pode faltar é a identificação de você com eles, pois sem essa característica não conseguirá levar o tempo proposto do evento como se planejou anteriormente.

Somos *coaches*, então, não podemos esquecer que durante a apresentação do conteúdo, a mudança de *mindset* é primordial para que cresça o interesse pelo seu trabalho, aumentando o que eu considero de tamanha importância para o objetivo proposto, que é reflexão do seu expectador em tudo que ele busca de melhoria de vida, profissão e modo de ser.

Ter conteúdo é a ferramenta principal do *coach* treinador, pois com esse requisito, toda a comunicação e apresentação ficará mais fácil para a interação final, que será o oferecimento de algum curso, produto ou serviço. Afirmo que o primeiro contato com o cliente é para que ele sinta a segurança em você, pois a sua conquista o fará valorizá-lo imensamente. Fará ele crer que você é a pessoa ideal para mudar a forma que ele leva todos os setores da vida dele, tendo como base os seus ensinamentos.

Quem não aprendeu com o mestre? Quem nunca utilizou uma frase de um mestre ou de alguém que venera? Quem na maior dificuldade profissional, parou e pensou no que aprendeu com o mestre? Sabemos que, independentemente do tempo, sempre vamos buscar o conhecimento em pessoas que nos espelhamos. Por que não ser você o mestre de todos esses questionamentos? O *coach* tem que ser uma metamorfose, mudando e se adaptando em todos os momentos. Chegou a sua hora, que é agora, de fazer valer o que se aprendeu com grandes mentores e multiplicar os conhecimentos para o mundo afora.

Você: *coach* treinador!

A carreira de *coach* é encantadora quando as pessoas que nos procuram saem melhores do que chegaram. Para que isso ocorra, temos que entender o significado que elas dão à própria vida. Para o *coach* treinador não é diferente. Qual o significado da sua vida? Quando o seu conteúdo tem significado para mudá-la, as pessoas mudam conforme o seu exemplo. Mestre torna-se mestre, quando o discípulo o vê como referência literária, cultural ou de vida.

Você se considera o seu próprio mestre? Se a resposta for positiva, passo dado para o seu futuro como *coach* treinador, mas, se a resposta for negativa, que tal refletir e buscar o entendimento do que está faltando para você ser o seu mestre?

O que eu quero mostrar para você, com essa reflexão, é que o *coach* treinador assume uma missão nova perante seus treinados. Passa a ter uma visão de que a responsabilidade é maior do que a do *coach*, pois ele assume o cuidado com o aluno que tem o novo conhecimento, leva a sua metodologia para as outras pessoas que necessitam das mesmas teorias.

Para exercer a carreira de *coach* treinador é preciso ter entrega genuína no que está sendo oferecido, pois não há transformação se no seu olhar não existir pureza, sinceridade, paz, sabedoria e amor. Os *coachee*s querem resultados rápidos, como nós, mas o que, muitas vezes, eles precisam é o passo a passo para viver tudo o que desejarem de maneira natural, consequentemente, gerando mudanças internas de ações poderosas para a carreira próspera, relacionamentos duradouros e eternos.

Coach, seja você todas as vezes em que estiver com algum cliente ou diante de um público, pois se foi procurado, é porque tem alguma importância para esse alguém. Viva tudo aquilo com intensidade, não faça nada pela metade, pois a profissão exige que sejamos os mais transparentes, mais conscientes e que a cada conexão, sejamos um só naquele momento de transformação de vidas.

Quando eu me tornei *master coach* e *master trainer*, segui o meu destino de usar a minha ferramenta poderosa, que é a minha voz. Durante esse tempo todo, vivenciei muitos dos meus alunos buscando o ideal na carreira, mas o que sempre passo, além de muitas técnicas de persuasão, comunicação, apresentação e metodologia eficazes para vender os treinamentos, é pensar como mestre, ou seja, deixar o aluno ser ele.

Com o conhecimento adquirido é que criamos o nosso jeito de ser. A essência é nunca deixar de viver cada momento da vida como se fosse o último, tendo sempre a coragem de fazer a diferença às pessoas que acreditam em nós.

27

Mudança de trajetória
X
Mudança de identidade

Quando a satisfação da carreira atual é impactada pela mudança de identidade e decidimos transitar para uma carreira mais aderente aos nossos valores

Vanessa Apontes Zani

Vanessa Apontes Zani

Psicóloga com especialização em modelos estratégicos de gestão de pessoas na USP, *executive* e *life coach* com formação internacional em *coaching* integrado, *mentoring* e *coaching* de carreira pelo ICI – Integrated Coaching Institute, membro do ICF – International Coach Federation, possui formações e certificações para a utilização de ferramentas científicas de carreira e análise de comportamento reconhecidas pelo CRP - Conselho Regional de Psicologia. Profundo conhecimento técnico e prático em desenvolvimento de pessoas e carreira decorrente de 20 anos de experiência em análise e desenvolvimento de comportamento e atuação como executiva de recursos humanos em grandes organizações multinacionais. Decidiu empreender após o nascimento do filho e após pedir demissão fundou a *Matercoach* com o objetivo de ajudar outras pessoas com questões sobre transição e desenvolvimento de carreira.

Contatos
matercoach.com.br
contato@matercoach.com.br

Quando escolhemos a nossa carreira, geralmente somos jovens, recém-formados e sonhamos em fazer uma determinada atividade profissional, mas, com o passar do tempo, observamos que o que nos trazia realização profissional no passado já não é mais suficiente para nos trazer satisfação no presente.

Isso ocorre não somente porque a nossa exigência aumentou, ou porque adquirimos maturidade e vivência profissional onde conhecemos os "bastidores das profissões dos sonhos" que cada vez mais tem sido frustrante para as novas gerações, mas ocorre porque, com o passar do tempo, nós vamos nos modificando e adquirindo novos papéis e com isso mudando nossa identidade.

A nossa identidade não é algo fixo e imutável, está em constante movimento. Ela se forma e se modifica por meio das experiências que vivemos, cultura que estamos inseridos, hábitos familiares, contato social, entre muitos outros estímulos que recebemos do ambiente.

Além desses estímulos, que seriam significativos para diferenciar uma pessoa da outra, temos também a nossa percepção, ou seja, a forma como percebemos os acontecimentos e o mundo ao nosso redor que interferem significativamente na formação da nossa identidade.

Segundo Ciampa, "Identidade é movimento, é desenvolvimento concreto. Identidade é metamorfose". Essa "metamorfose" não acontece do dia para a noite, ela é gradativa e com o passar do tempo, vamos adquirindo novos papéis e deixando outros. Acontecimentos como divórcio, morte de um ente querido, a chegada de um filho ou até mesmo uma demissão inesperada são processos marcantes que vivemos e que vão modificando "quem somos", por isso, muitas vezes, nos sentimos confusos nesses processos, porque estamos com a nossa identidade sendo modificada.

Segundo Jacob Levy Moreno, "O papel é a forma de funcionamento que o indivíduo assume no momento específico em que reage a uma situação específica, na qual outras pessoas ou objetos estão envolvidos".

Como essa nossa forma de perceber é alterada pelos papéis que vivemos, nós "decodificamos" os acontecimentos externos de uma forma diferente da que costumávamos absorver, além de aprender pela oportunidade de conviver com pessoas, conhecer outros lugares, enfim, tudo isso influencia em quem nós vamos nos tornando.

Ainda falando sobre formação de identidade, segundo Moreno, a identidade "é constituída por fatores materiais, sociais e psicológicos, que a criança começa a viver o processo, por meio do qual irá, aos poucos, se reconhecendo como semelhante aos demais e como um ser único, idêntico a si mesmo".

Algumas pessoas se tornam mais críticas, outras mais flexíveis, algumas com mais determinação, outras mais céticas, por isso, o que impacta nesta alteração de identidade não são somente os eventos que acontecem, mas como escolhemos reagir frente a eles.

Isso explica por que irmãos gêmeos que nasceram e cresceram no mesmo ambiente, estudaram nos mesmos colégios, viajaram para os mesmos lugares, e tiveram as mesmas oportunidades de vida são tão diferentes, porque cada um possui uma percepção sobre as oportunidades e desafios da vida. Enquanto uns culpam os outros pelos seus fracassos e outros assumem todas as culpas, alguns, simplesmente, fazem o máximo que podem da parte que têm responsabilidade.

Ao longo do tempo, esse "padrão" de pensamento e de comportamento também interfere nas entregas e *performance* de nossas carreiras, porque sabemos que além da entrega realizada, a forma como fazemos isso é tão importante quanto o resultado.

Mas, como a identidade impacta na nossa satisfação profissional?

Quando escolhemos a nossa profissão, mesmo de forma não consciente, geralmente, levamos em consideração aspectos internos que nos motivam, como nossos valores, o que gostamos ou não de fazer, priorizamos se vamos utilizar ou não algumas habilidades como: contato com pessoas, análises, criatividade, entre outras.

Com a mudança de identidade, os nossos valores passam a ter pesos diferentes, por exemplo, uma pessoa que tinha como valor ser bem-sucedida profissionalmente com a chegada de um filho pode se ver questionando sua rotina e atividades do trabalho atual. Algo que trazia satisfação como promoções, novos projetos e desafios, pode não ser mais visto como reconhecimento devido ao novo momento de vida, porque pode impactar no tempo e tranquilidade mental para estar mais tempo com a família, sendo esse o valor que passa a ter mais prioridade.

Isso não quer dizer que a pessoa não está "dando conta" de cuidar do filho ou realizar as suas entregas profissionais, mas pode ter decidido fazer escolhas diferentes do que estava acostumada e, nesse exemplo, o valor "tempo" ganhou destaque na vida dela neste momento. Este é um exemplo típico que vejo tanto com as minhas clientes, quanto nas empresas que apoio com estruturação de programas voltados para mulheres no retorno de licença-maternidade.

Em outro caso, uma pessoa que conquistou uma posição alta em uma organização, e com isso adquiriu um padrão de vida com mais conforto, e após ter filho, por motivos mais diversos, não quer retornar ao padrão de vida que tinha anteriormente e, assim, o sucesso financeiro é o principal fator motivacional.

Observamos que nos dois casos a identidade foi impactada com a chegada de um filho, mas os aspectos motivacionais tempo e sucesso financeiro são distintos. Mesmo com todas as conquistas e cargo alcançado, essas pessoas poderão ficar insatisfeitas porque o principal fator motivacional não foi alcançado conforme a sua expectativa.

Em muitos casos dos clientes que atendo e de inúmeras pessoas que pude acompanhar o desenvolvimento de carreira nos últimos 20 anos, a insatisfação profissional é algo muito presente.

Essa insatisfação é importante para nos movimentar, nos aprimorar e, com isso, conquistarmos novos patamares, mas, em outros casos, o ideal é olharmos para o que mudou, entender que já não somos mais os mesmos, perceber quais são os nossos valores e as nossas necessidades que estão em evidência? E, com isso, ver se a carreira atual atende essa nova demanda ou avaliar qual alternativa temos ainda que seja planejar uma transição de carreira.

Falamos tanto de sucesso na carreira, mas o que é sucesso para um pode não ser sucesso para o outro. Ter um cargo de poder em uma grande organização é o sonho de muitos profissionais que buscam *coaching* para desenvolver seus comportamentos, enquanto outros que já estão a um passo de assumir esse cargo decidem abrir o seu próprio negócio, e esta passa a ser a nova referência de sucesso profissional.

Novamente, em ambos os casos, o que vale é o valor que cada um possui sobre carreira e conhecer esses valores e os aspectos motivacionais da sua identidade é fundamental para direcionar as suas escolhas e, então, conquistar a "carreira de sucesso".

É exatamente aí que o sucesso profissional acontece, a escolha tem a ver com o seu interior, com a sua identidade e não com todas as necessidades que o mundo externo pode interferir. Se uma oportunidade desse cenário estiver alinhada ao seu valor, então é sim uma oportunidade para você, mas se não estiver alinhada, faz parte deixá-la, porque será apenas um fato.

Mas, o que é sucesso? Dentre tantos pensadores e gurus organizacionais eu, particularmente, gosto muito da definição de um profissional da área esportiva, o técnico de vôlei brasileiro Bernardinho, "Sucesso é o estado de espírito resultante da consciência que você tem de haver se empenhado para ser o melhor que é capaz de ser".

Novamente, a definição de sucesso depende do que é importante para você, para alguns é ganhar muito dinheiro, além de "muito dinheiro" ser relativo, e para outros esse não é o principal aspecto motivacional. Não cabe ao processo de *coaching* julgar, induzir ou orientar o seu cliente sobre aspectos aparentemente paradoxos como estes, cabe apenas ajudar o seu cliente a se aprofundar no que é realmente importante para ele e ajudá-lo a reverter a sua dúvida inicial ou realmente a transitar sua carreira da forma mais aderente possível aos novos valores.

Segundo Luiz Carlos Cabrera, o plano de desenvolvimento da carreira deve ser constante "depois que você fez o diagnóstico de sua carreira, caprichou no autoconhecimento, ficou com uma ideia clara de seus ciclos e de seu direito decisório, é importante saber que sua carreira depende de um plano de desenvolvimento, e isso precisa ser constante".

Aplico na prática esse conceito desde 2005, seguindo a premissa de que esse plano de desenvolvimento não é responsabilidade da empresa, é algo tão sério que você não pode delegar isso para ninguém, até porque ninguém saberia fazer as escolhas por você.

Nesse sentido, o processo de *coaching* ajuda muito, até mesmo a rever crenças e, muitas vezes, ter a coragem de transitar de carreira sem necessariamente abandonar o seu bem mais precioso, o conhecimento e experiência adquirida ao longo de tantos anos. É possível transitar essas habilidades para um novo negócio e ser tão bem-sucedido como foi na primeira carreira.

Aliás, transitar de carreira tem sido bem mais comum do que antes, movimento que foi acelerado pela crise que o país passou, mas que está se tornando comum também pela "infidelidade" ou independência das novas gerações e da evolução global da inteligência artificial.

Falando em novas gerações, já é obsoleto dizer que é importante contratar pessoas por valores e não mais somente por perfil ou experiência. Analisar se os valores pessoais são aderentes à cultura organizacional e desafios profissionais é imprescindível para o engajamento e retenção de talentos, mas algumas organizações ainda insistem em fazer processos "à moda antiga" e pagam com o preço de, após investirem no profissional contratado, perder esse talento para outra organização, muitas vezes, concorrente direta.

Os comportamentos necessários para determinada posição podem ser desenvolvidos, mas quanto mais distante sua identidade pessoal for da identidade profissional, maior a chance desse profissional trabalhar voltado para a sua necessidade e não para o seu valor e a longo prazo não ser sustentável, nem para a organização que investiu e nem para o profissional que se dedicou.

Isso é o que chamo de *"lifestyle"* é alcançar a coerência entre quem você diz que é, seus valores e quem realmente você é em suas atitudes, naquilo que faz, na sua rotina, no seu estilo de vida!

Por fim, para as pessoas que querem transitar de carreira porque já não têm mais identidade em conformidade com o seu estilo de vida, dentre muitas coisas, considero as reflexões abaixo importantes para o momento.

Sete passos reflexivos importantes para a transição de carreira:

1) Foco/objetivo – Qual objetivo o está motivando a mudar? É algo momentâneo? E a longo prazo, como você se vê? As atividades dessa nova carreira vão ao encontro dos seus valores?

2) Reserva financeira – Você precisa de investimento? Alto ou baixo? Qual reserva você tem? Quanto tempo de vida você tem com esta reserva? Precisa mudar o padrão de vida? Dá para economizar em algo? Você está usando a reserva ou o rendimento dessa reserva?

3) Apolo de pessoas – Quem são as pessoas próximas que o apoiam nesta mudança? Esposa, marido, pais, irmãos?

4) Conhecimento – Você conhece o novo mercado/empresa em que está entrando? Conversou com alguém a respeito? Quanto tempo esta pessoa está nesse negócio?

5) Tempo/Planejamento – Qual o momento de fazer a mudança? Curto, médio ou longo prazo? Quanto você planejou investir de tempo e dinheiro nesse novo negócio? Quando saber se deu certo ou se é a hora de mudar? Quanto tempo insistir?

6) Preço – Qual o preço que você está disposto a pagar nessa transição? Esse preço é algo que vai contra os seus valores? Por quanto tempo terá que pagar esse preço?

7) **Identidade** – Essa nova identidade profissional é a pessoa que você quer ser? Como se sentirá por não ter nenhum crachá ou sobrenome corporativo por um tempo? Quem é você sem o sobrenome corporativo que está acostumado?

Nesse último item, temos os profissionais que estão acostumados a uma longa carreira corporativa em que sempre tiveram um sobrenome corporativo, ou ainda um sobrenome com o cargo, podem levar um tempo para se redescobrirem, por exemplo: o Carlos da empresa X, ou ainda o Carlos diretor financeiro, todos sabem quem é a empresa X ou o poder de um Diretor Financeiro, mas quem ele será quando se tornar somente o Carlos?

Algumas pessoas, por não equilibrarem as diferentes áreas da vida, tornam a sua vida profissional como principal e, muitas vezes, única, se dedicando excessivamente, e colocam todas as suas expectativas de satisfação em apenas uma área.

Muitas vezes, quando são desligadas ou se aposentam, levam um tempo maior para redescobrirem a sua identidade. Mais triste ainda é quando algumas pessoas neste momento da vida, descobrem que viveram somente o seu papel profissional e abandonaram, ao longo do tempo, a sua identidade principal. Esqueceram o que realmente gostavam de fazer e o que as fazia se divertir, enfim, no momento em que essa ruptura acontece, têm que redescobrir sua nova identidade, mas já não terão a oportunidade de mudar quem foram e o que viveram durante tantos anos.

Referências

ALMEIDA, Wilson Castello; GONÇALVES, Camila Salles; WOLFF, José Roberto. *Lições de Psicodrama, Introdução ao pensamento de J. L. Moreno.* Agora: 8. ed., 1988.

CABRERA, Luiz Carlos; ROSA, Luiz Edmundo. *Se eu fosse você o que faria como novo gestor de pessoas.* Rio de Janeiro: Elsevier, 2009.

CIAMPA, Antônio da Costa. *A estória do Severino e a história de Severina.* 9. reimpr. São Paulo: Brasiliense, 2007.

CIAMPA, Antônio da Costa. Identidade. In: W. Codo & S. T. M Lane (Orgs.). *Psicologia social: o homem em movimento.* São Paulo: Brasiliense, 1984.

REZENDE, Bernardo Rocha. *Transformando sucesso em ouro.* Rio de Janeiro: Sextante, 2006.

28

A importância da resiliência na carreira: um breve olhar do *coach*

A resiliência é muito mais do que o fato de suportar uma situação traumática, consiste também em se reconstruir depois desse processo, comprometer-se com uma nova dinâmica de vida

Walace Alves

Walace Alves

Escritor e *coach* de produtividade & carreira. Graduado em administração e pós-graduado em gerenciamento de empresas e em *marketing*. Sócio-diretor da empresa My Enterprise; foi gerente regional de vendas em grandes empresas multinacionais e nacionais – Merck Sharp & Dohme, Ultragaz e Coca-Cola. Possui grande experiência na montagem, treinamento e liderança de equipes de alta *performance* em vendas.

Contatos
www.myenterprisecoaching.com
walacealves@myenterprisecoaching.com
contato@myenterprisecoaching.com
(31) 97301-0477

> "Eu devia estar contente por ter conseguido tudo o que eu quis
> Mas confesso, abestalhado, que eu estou decepcionado
> (...)
> Eu tenho uma porção de coisas grandes pra conquistar
> E eu não posso ficar aí parado."
>
> **Raul Seixas**

Tempos modernos

A sociedade, como a conhecemos, é marcada por uma série de transformações importantes, tanto no campo social quanto no econômico. Vivemos um salto em relação às tecnologias, uma era de aceleração tecnológica sem precedentes na maneira de consumir e gerar informação. Esse fenômeno está causando mudanças no comportamento humano e, em consequência disso, novos costumes estabelecidos pelo quadro de desenvolvimento tecnológico, tem modificado a forma de ser e estar do homem no mundo.

Que a revolução digital, especificamente a popularização da *Internet*, trouxe inúmeros benefícios, como a agilidade, o conforto de a qualquer hora ou lugar adquirir importantes informações, isso é indiscutível. Mas, é preciso evidenciar os seus impactos no ser humano e no seu desenvolvimento.

As redes sociais são um grande exemplo disso. A convivência com o ciberespaço, até bem pouco tempo inexistente, representa uma mudança de paradigmas em relação aos conceitos de comunidades por não haver, necessariamente, interação física ou proximidade geográfica. Com isso, as pessoas estão criando relações sociais independentes do fator físico e, essas têm se tornado tão poderosas que, afetam o sentimento de pertencimento no nosso desenvolvimento social.

Obviamente, a informação é um bem fundamental, ela sempre foi importante no desenvolvimento do conhecimento humano, contudo, nunca dependemos tanto dela, principalmente nos meios produtivos. Os efeitos da produção informatizada na qualificação da mão de obra, nos negócios e até na saúde do trabalhador são inegáveis. O uso de novas tecnologias, por exemplo, trouxe a diminuição do trabalho manual em grandes fábricas, e agora afeta também os trabalhadores mais qualificados que até então se sentiam imunes a esses avanços, fato que pode gerar um novo drama social e surgimento de novas patologias.

Diante disso, a saúde, a educação e o desenvolvimento da população constituem, nos dias atuais, um grande desafio para pais, escolas, empresas e governos, além de ser um assunto gerador de pesquisas e reflexões por parte de estudiosos e profissionais de diferentes áreas.

Um ponto interessante e que pesquisadores chamam a atenção é o fato de que um número de pessoas, mesmo convivendo com experiências desfavoráveis, não manifestou sequelas graves ou danos em seu desenvolvimento. São pessoas que demonstraram uma grande capacidade de produzir saúde, mesmo em ambientes adversos, evidenciando, dessa forma, a complexidade de seu viver. (Silva, Lunardi, Lunardi Filho & Tavares, 2005). Segundo Grotberg, "chamamos de resiliência a capacidade humana para enfrentar, vencer e ser fortalecido ou transformado por experiências de adversidade".

Do ponto de vista social, principalmente no Brasil, o estudo da resiliência representa uma nova possibilidade de se trabalhar com os problemas experimentados por uma grande parte da população que voltou, nos últimos anos, a viver em condições adversas, exposta a um potencial de risco importante.

Mas onde surgiu e o que vem a ser resiliência?

Do latim *resiliens*, significa voltar para trás, recolher-se. Do inglês *resilience*, significa elasticidade, capacidade de recuperação. O físico inglês Thomas Young foi um dos primeiros a usar o conceito de resiliência como a capacidade que um corpo tem de, sofrendo uma deformação, voltar ao seu estado original. Essa ideia foi evoluindo ao longo do tempo, e aplicadas na psicologia e na administração. Sendo assim, ser resiliente se tornou sinônimo de ser flexível frente às adversidades encarando-as de forma a superá-las.

Mas, as mudanças não pararam por aí e, atualmente, demos mais um importante passo no sentido de fazermos um paralelo entre a resiliência e as teorias do estresse e *burnout*. Hoje, entendemos que ser resiliente significa ser capaz de flexibilizar pontos de vista, dar novos significados a fatos, e compreender a efemeridade da vida. Entender que nem mesmo as nossas crenças são absolutas e precisam ser colocadas à prova e revisadas. Enfim, é fundamental estar aberto ao novo, com a real consciência de que a volatilidade rege as nossas vidas.

Voltando ao mundo dos negócios...

"*ipse se nihil scire id unum sciat*"
Frase atribuída a Sócrates

"No meio do caminho tinha uma pedra
tinha uma pedra no meio do caminho
tinha uma pedra
no meio do caminho tinha uma pedra."
Carlos Drummond de Andrade

Pedras no caminho estão na jornada de todos nós. A grande questão é como lidar com esses obstáculos e quais as nossas atitudes perante eles. Pessoas resilientes estão sempre à procura do sucesso, e sabem que não se resolve nada desistindo diante da primeira negativa, da primeira porta fechada.

Numa era na qual se espera muito de nós em todos os âmbitos, estamos sendo cobrados a atingir e superar as expectativas em nós depositadas. Por esse motivo, a resiliência ganha, a cada dia, mais importância no mundo corporativo. Devido a essa pressão instaurada pela sociedade e pelas empresas, o colaborador resiliente consegue descobrir maneiras e soluções que lhe permitem superar desafios e voltar a controlar a situação.

Como ser um colaborador resiliente?

A falta de resiliência dos colaboradores, geralmente, é o estopim para pequenos ou grandes conflitos nas organizações. Até mesmo uma simples mudança organizacional, de liderança, ou demissão/admissão de colaboradores pode interferir diretamente na produção e desempenho de colaboradores, ou até de equipes inteiras. Num mercado de trabalho tão competitivo como o que se tem atualmente, adaptar-se a essas pequenas movimentações é situação "*sine qua non*" para o colaborador que tenha ambição e vontade de assumir cargos de liderança dentro da organização. Partindo do princípio de que o colaborador tenha total habilidade em lidar com essas adversidades, existem problemas maiores que todas as empresas passam no seu exercício.

Pesquisando sobre o perfil do novo profissional, percebe-se que a cada ano, as empresas estão descobrindo que não basta ser excelente tecnicamente, mas é preciso, também, que o profissional seja maduro emocionalmente e que tenha flexibilidade de se adaptar às mudanças; trabalhe em equipe e mantenha um bom relacionamento com os colegas; que comprometa-se de fato com os objetivos, que tenha um espírito de empreendedor dentro da empresa, que alcance resultados efetivos, seja assertivo, um líder eficaz e um colaborador ético, entre outras coisas.

Colaboradores são definidos como resilientes, quando têm práticas e atitudes otimistas, motivadoras e responsáveis consigo e com o todo. Para a administração, a resiliência é identificada em colaboradores que possuem a habilidade de se sobressair em situações adversas, usando a criatividade e a capacidade de inspirar seus colegas buscando reverter a situação.

A liderança e a resiliência

Precisamos de líderes resilientes e que saibam como gerenciar a mudança de uma maneira consciente. Eles devem implementar mudanças com êxito, aplicar consistentemente os mecanismos que usam e ser capazes de se referir a esses métodos como uma disciplina estruturada, para que os outros possam aprender e aplicar as mesmas estratégias. (CARMELLO, 2008, p.51)

O líder resiliente consegue identificar quando seu colaborador não está dando 100% da sua capacidade, e tem o dever de tentar ajudá-lo a encontrar a solução. Ele também tem a característica de ser extremamente tolerante à mudança, entende que os imprevistos fazem parte da rotina e, por isso, não perdem o controle diante da primeira dificuldade.

Geralmente, líderes desenvolvem essas habilidades, pois internalizam a necessidade de ser um exemplo e inspirar confiança nos demais. James Hunter (1998), o autor do livro *O monge e o executivo*, afirma que as pessoas pedem demissão de seus chefes e não de suas empresas. Pessoas emocionalmente inteligentes, que ocupam cargos de confiança e de liderança, motivam muito mais a sua equipe, focam em soluções, não em problemas e são mais influentes.

Empreendedorismo resiliente

Existe uma relação entre empreendedorismo e resiliência, pois muitas pessoas têm a vontade de possuir um negócio próprio, mas nem sempre atingem o sucesso esperado. Pontualmente, eles tentam novas ideias ou negócios, duas, três ou mais vezes, até alcançar o objetivo. Descrevo essa teimosia ou insistência como uma característica resiliente, já que, normalmente, ela está ligada ao aprendizado e a sua aplicação no negócio. Essa atitude o difere de um sonhador que toma atitudes e realiza ações de forma irresponsável.

Empreendedores possuem um senso de resiliência muito interessante e específico para a área. Jeffrey Pfeffer e Jim Collins (2014) realizaram um estudo para descobrir o que discerne pessoas determinadas e bem-sucedidas de outras que não tiveram tanto sucesso. A resiliência foi um dos fatores mais determinantes em pessoas que se destacaram. Algumas características importantes sobre pessoas resilientes de acordo com esse estudo são as seguintes:

- Não dão ouvidos a pessoas negativas;
- Têm uma comissão pessoal de consultores;
- Sentem-se à vontade quando não sabem algo;
- Sabem lidar com empecilhos.

É possível uma empresa ser resiliente?

Sim, é possível que uma empresa seja resiliente desde que ela se atente a determinadas situações. A competição e o conflito têm efeitos relacionados à saúde dos colaboradores e, muitas vezes, as empresas não traçam estratégias eficientes para diminuir estes riscos. Estas situações quando se prolongam não afetam só o psicológico das pessoas, mas também o físico e podem elevar a tensão muscular, os batimentos cardíacos, a pressão arterial e diminuir a imunidade.

Uma outra grande demanda que as empresas vem sofrendo diante das aceleradas inovações é a obsolescência. Em função disso surgiu o termo *"burnout"* designando aquilo que deixou de funcionar por exaustão energética. Essa expressão, que vem do inglês *"to burn out"* (exaurir-se), foi adaptada ao mundo da gestão para descrever uma situação na qual o colaborador está sob um sofrimento excessivo que afeta o seu estado de saúde e desempenho profissional, já que passam a existir alterações e/ou disfunções pessoais e organizacionais, com repercussões econômicas e sociais.

Vejam que situação interessante e perigosa: as pessoas estão sofrendo de um sintoma comum às máquinas – exaustão – com ingrediente a mais, que é a exaustão psicológica. Avanços tecnológicos significativos têm sido conquistados, mas em muitas empresas, permanece como desafio a falta de motivação, a depressão, o estresse e, agora, o *burnout* dos seus colaboradores.

O *coaching* e a resiliência

O mercado muda dia a dia e requisita cada vez mais profissionais resilientes, com qualidades diferenciadas, como, por exemplo, a capacidade de inspirar e integrar a sua equipe, criando uma base sólida para reagir às demandas do mercado.

O que mais se deseja do profissional hoje é que ele não espere a crise acontecer para fazer algo, que ele se antecipe às mudanças, sempre ligado ao que acontece no mercado e fora da empresa.

O *coach* pode entrar nesse momento para ajudar a suprir essa lacuna, seja a pedido da empresa, seja a pedido do colaborador. Relembrando que *coaching* é uma atividade de formação pessoal em que um instrutor (*coach*) ajuda o seu cliente (*coachee*) a evoluir em alguma área da sua vida. Pois bem, aqui vão algumas dicas, como *coach*, que você pode começar a aplicar para ser mais resiliente:

- Foque no positivo;
- Estimule a sua criatividade e intuição;
- Desenvolva e trabalhe a sua autoestima;
- Adapte-se às mudanças;
- Tenha relacionamentos fortes e saudáveis;
- Controle as suas emoções;
- Automotive-se!
- Compreenda as pessoas.

O ser resiliente não é um visionário teimoso que vive sonhando que as coisas darão certo, quando certamente não irão. Ele é realista e, por esse motivo, inspira a confiança de todos os seus colegas e/ou liderados. É impulsionador quando tem que ser, quando sabe que o triunfo depende do algo mais de cada colaborador, e é sincero ao conter a empolgação quando as coisas não estão no caminho correto.

A resiliência é uma prática em constante evolução, cada vez mais as pessoas e as organizações estão estudando sobre ela e aperfeiçoando suas características. É de extrema importância contar com profissionais resilientes e com líderes que tenham o poder de motivar e inspirar os seus liderados, tornando a organização mais preparada para enfrentar batalhas diárias. Conclui-se, dessa forma, que a resiliência é necessária para a vida de todo ser humano, pois todos estão sujeitos a sofrer algum tipo de adversidade.

> "Quando nasce, o homem é fraco e flexível. Quando morre, é forte e rígido. A firmeza e a resistência são sinais de morte. A fraqueza e a flexibilidade, manifestações de vida."
> Lao Tsé, Tao Te Ching